JN303711

2階　仕事机のあるニッチ（カラー／ストロボ撮影）

使用された主な色彩

アルファベットは、本文および図面中の表示に対照。

番号は、パウル・バウマン（アウエ，エルツ山地）の色票に一致。

艶消し塗料

番号	記号
323	A
625	B
193	C
1126	D
1143	E
631	F
960	G
1055	H
528	I
948	K
869	L
1036	M
1136	N
1138	O
1141	P

油性塗料

番号	記号
34	Q
134	R
253	S
53	T
1	U
243	V
244	W
219	Y
20	Z

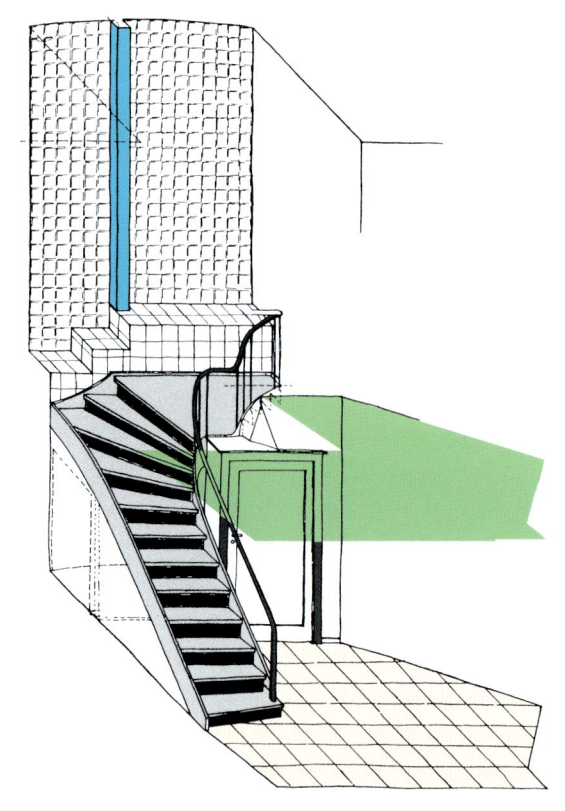

参考図版1：玄関ホール・階段室の主な配色（本文31ページ参照）

参考図版2：居間の主な配色（本文45ページ参照）

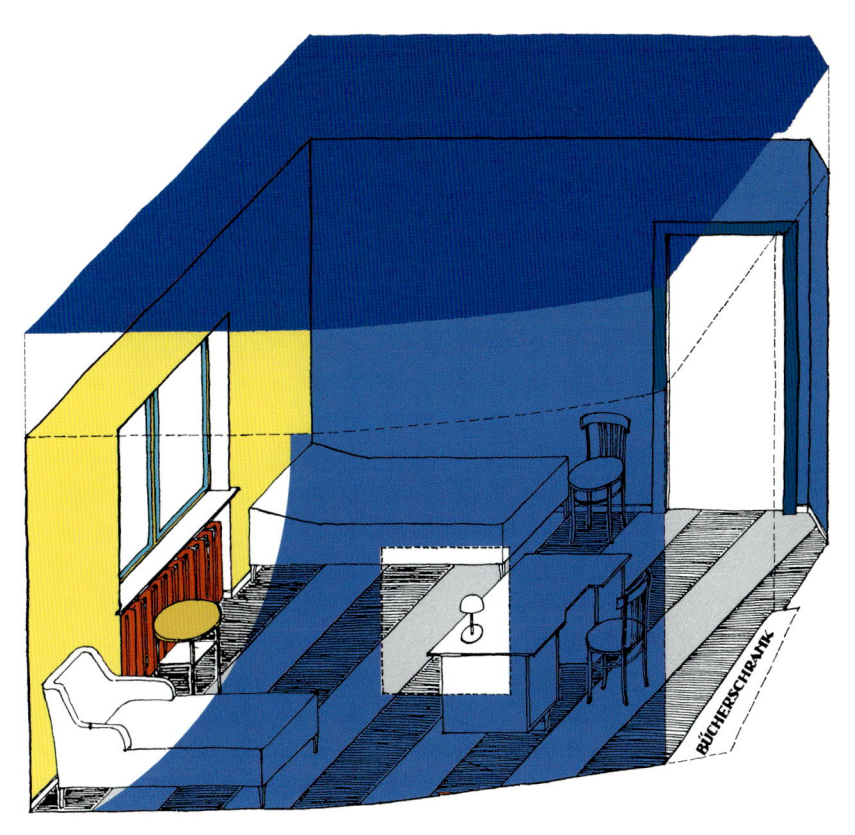

参考図版 3：青い小部屋の主な配色（本文 49 ページ参照）

参考図版 4：中央寝室の主な配色（本文 90 ページ参照）

参考図版5：寝室兼仕事部屋の主な配色（本文99ページ参照）

参考図版6：現在の状態　道路側から見る黒い壁面　[訳者撮影]

参考図版7：現在の状態　庭側から見る白い壁面　［訳者撮影］

参考図版8：現在の状態　玄関部分と階段室のガラスブロック窓　［訳者撮影］

参考図版9：現在の状態　1階青い小部屋の窓外観　［訳者撮影］

参考図版10：現在の状態　1階居間　西方向を見る　［訳者撮影］

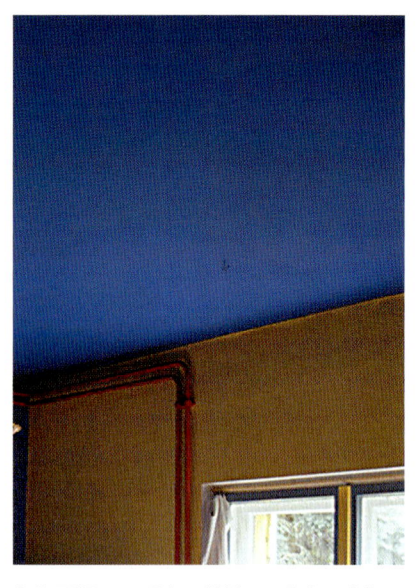

参考図版11：現在の状態　1階青い小部屋の天井　［訳者撮影］

参考図版12：現在の状態　階段室とガラスブロック窓　［訳者撮影］

参考図版13：現在の状態　1階青い小部屋の窓　［訳者撮影］

参考図版14：現在の状態　1階居間　暖房用放熱機　［訳者撮影］

一　住　宅

（初版 1927 年　Franckh'sche Verlagshandlung 刊）

写真図版（第13章を除く）
アルトゥーア・ケスター／ベルリン
図面資料
パウル・シュミット（建築家）／ベルリン

目　次

1.	家に住まう動物 ── 人間	3
2.	型（タイプ）	9
3.	建築と風景	13
4.	はじめに平面図があった	25
5.	設備に関する基本事項	33
6.	１階の居住空間	41
7.	被覆された食卓	55
8.	石鹸からベンジンまで	69
9.	ガラスの建築	79
10.	寝室	87
11.	屋根と屋根裏	103
12.	庭	109
13.	建てる者（バウアー）と伝統	119

訳注　129　　　訳者あとがき　132

1.

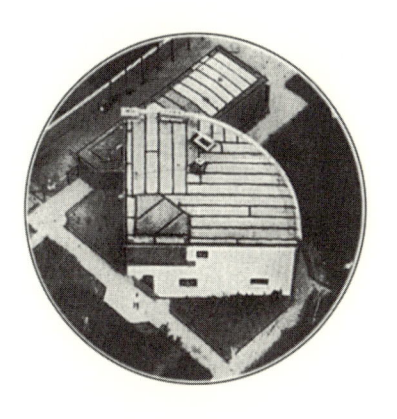

家に住まう動物
——人間

南西方向からの航空写真

家に住まう動物――人間

　もとより人間というのは、周囲の環境を自らの生活に合致するよう形成するものだ。従って、物質(マテリエ)に形を与えることに始まり、身の回りの日用品、住居、さらに戸建住宅と順に形態付けていく作業とは、単純に審美性あるいは見かけの問題に収斂するようなものではない。そうした事柄と同様に、我々にとって身近であるかどうか、有用であるかどうか、さらには快適であるかどうかに関わる問いでもあり、この両側面は、美しさを求める視点が実用性に淘汰され、その実用性も今度は対象の見かけに関わる別の条件に淘汰されてしまうほど複合的な関係にある。

　この理論上の認識の相違について分析を試みようとしても、多くが的を射ないものとなろう。美を過度に強調すると全ての健全さが圧殺されてしまうように、一方的に、ないしは一義的に実用性を偏重すれば、その主題を結果的に衰退させてしまう。美を強調し過ぎることに関しては、今日あまり懸念することはない。というのも、美は既にそのような不信を招いている上、形態の問題を考えようにも、今日ではそれが機械のもたらす合理性に根拠を置いたものでない限り正当とは見做されないのである。

　この考え方を我々自身に当て嵌めてみると、人間の理想的象徴とは、まさに頑強な健康体や隆々とした筋骨であり、その反面、青瓢箪の華奢な頬も、問題を改めて問い直すような姿勢や、疑念や探求心を抱く行為、徹底的に探求を重ねた末の発見、こうした事柄は、人間のタイプとしては軽んじられてしまう側面ということになる。これらには「型(タイプ)」という高尚な言葉自体もはや適合せず、今日では単に取るに足りないような個人主義を意味するに過ぎない。一方で、それとは対照的に「型(タイプ)」は、運動焼けした小麦色の顔、精気に満ちた二重顎、鍛えられた咬筋、こうしたイメージを伴って、我々の合理化された社会を取り巻きつつあるという訳だ。

　金属で硬化させたバイクのハンドル握り部分のような、たくましく力強さが

漲る健康の根源。それを再考や静観という行為と一体化できれば──その両者が両親の性質を継承していればではあるが──、我々には神聖なひとり子がもたらされることであろう。世の中の物がいかなる形態を有するか、それは詰まるところ、個人という単位でも、あるいは全体としてでも偏に我々人間に掛かっているのである。

　住居(ヴォーヌング)というのは、1人ひとりを映し出す最も直接的で、かつ最も厳しい鏡(シュピーゲル)である。どういう人物と関わりを持っているか、その交際の範囲から当人の人柄が知れるとはよく言われるが、それと同じ様に、どのように住んでいるかで当人の人柄が知れてしまうのだ！　どのように食事を摂るか、どのように就寝するか、どのように起床するか……いやいや、これ以上触れるのは止めておいた方がよかろう。

　住居、その外観、どのように住まわれているかは、全て我々にとって冗談ではなく自らの、そう自らのシャツより身近なことである。誰も肌着の染みをわざわざ他の物で隠そうとはしないように、住居内に注がれる外部からの視線に恥じらうことも、カーテンを吊るしたり遮ったり覆いを掛けたりすることも意味がないのだ。

　住居は、1人ひとりにとってシャツより身近なのだが、その個人々々は、自

明かりに照らされた食卓

身よりもむしろ他人の行為に左右されてしまっている。そういうことから、住み手が自然な個性を持っているにも拘わらず、住居はむしろ大量生産、既製服、流行に関わる問題にされているのである。確かに既製服の流行(モーデ)は極めて変わり易く回転が速いが、こと住居の供給に関してはそう易々とはいかない。住居内設備は、細部のひとつひとつに至るまであまりにも多くの「領域」に区分され、物的な機構は複雑極まりないものなのだ。それに加え、消費社会の中では不必要な要望が絶えず新しく沸き起こってくるため、これは経済状況にも左右され

ながら、製造の段階から絶えず意図的に歪められているのである。

　奇妙なことに、今日の理想的「型(タイプ)」、つまり情緒の片鱗など露ほども認められぬような体力自慢の人間、勇敢な「スポーツ人間」は、最も感傷的で紛い物(キッチュ)の交錯する場へと泣く泣く這って行き、心も魂も──よしやハート型をした蜂蜜入り焼菓子(レーブクーヘン)のような心と、いつ破裂するとも分からないチューインガムのような魂ではあるにしても──持っていることをわざわざ表明しているのである。けれども、言わずもがな人間であれば誰であろうと心も魂も持ち合わせていなくてはならないのは当然なのだ！
　彼の健康状態は確かに素晴らしいように見える。だが、頑強な上腕二頭筋の周囲にあるだろう思考や感情の乾燥症か、あるいは正常な思考や感情の周りにある身体的抵抗力の欠乏症か、いずれの病状がより深刻かは何分定かではないが、栄養の過剰摂取ないしは偏った教養の付け過ぎとに起因する問題を抱えている。しかもそれは、単にどちらがよりましかという趣味の問題にされているのだ。その双方の病からもたらされるような住居は、従ってその多様性──片や殺伐とした存在であり、片や感傷的な紛い物(キッチュ)や感情面を補うもの──に反して不愉快な代物に堕するであろう。

　ところで人間は、環境というものを自らの生活に調和させながら形成している。従って、住居が別の形に造られるのであれば、人間も変わるであろうなどとは思ってもいない。一方で、住居の側の物差しで考えると、人間が変わってこそ住居も変化するのである。ということから、過剰な合理化、過度の鍛練、これらが対極的な要素によって補われていく今後の数十年に対する期待、長期的視野に立った展望を我々は見出さなくてはならないのだ。
　住(ヴォーネン)むということは、単に生息(ハウゼン)するということと同一視できない。我々は、どう生息させられるかについては熟知している。「住(ヴォーネン)む」という概念が歪曲されたものとしての「生息(ハウゼン)する」という言葉は、既に明白な影響力を持っており、これは、あらゆる分野を荒廃させるひとつの像(ビルト)となっているのである。
　人間は自ら環境を形成しなければならないので、住居の模範を人間に提示したところであまり意味を持たない。模範の提示などする代わりに、根源的変革を現代人の生活する場で行わなくてはならないのである。つまり、その萌芽を作為的にねじ曲げてしまうのではなく、芽が成長すべき大地を柔らかくし、また調整しなければならないのであり、そうした方向への緒は既に付けられているのである。
　何かが誇張して表現されるというのは、ともかくも道筋が変わることの徴候ではある。スポーツと単純な思考、かつてそれは、過大に評価されていた感情の追求に対峙する適切なキーワードのひとつであった。同様に、合理化、産業

化、規格化、法則化もまた、住宅建設や設備製品の粗悪化を防ぐ正当な考え方であった。ただ、その両者が同様の方法で過度に誇張された時、記念物やレンガ造の建築物までもが産業化されてしまい、ギリシャ様式の柱さえも、アメリカにおいては今なおそうされているのだ。だが、だからと言ってスポーツが不当かと言えばそうではなく、同様に合理化そのものが誤りであるということにはならないのである。

　誤解されたキーワードに基づく行き過ぎ、履き違えも、愈々もう間もなく厄介な潰瘍の如く露になることであろう。その後に漸く、全うな出所を持つ思考がその効力を顕現させ、それは流行のキーワードとして拡大するのではなく、自分自身の認識から導かれる思考を持った人々の、揺らぐこと無き頑強な忍耐力を以って保持され、消化されることであろう。

　これまで、その認識とは、人間と環境（ウンベルト）との新しい調和が必要であること、加えて、そのための新しい手立ても必要であるということにあった。ところが実際、人間と環境との調和は、たとえそれが醜くかろうが、あるいは美しかろうが、いずれの時代においても常に生み出されているものなのである。それにもかかわらず何故なお第一にその調和を探究する必要などあろうか。

　そうする代わりに、諸君は、例えばより迅速に職場に向かいたいと思っている男性に、どのようにすれば自転車の代わりとして、品質に優れ、しかも低廉なバイクを手に入れることが可能かを説明するのだ。諸君はある女性に、それを使うと速やかに、より上手く、しかも安上がりに調理できるというガスレンジを示すのだ。諸君はその同じ女性に、いかにして食卓ナプキンや雑多な洗濯物を減らせるか、延いては精神的疲労をも削減できるかを説き明かすのだ。諸君は、彼女に住居のあらゆる隅部や縁飾りを削減する術と、それによっていかに自らの落ち着きが得られるかを解説するのだ。

　諸君は、あらゆる領域に亙って人間と環境に関わる説明を与えることができ、そうすることで、まさしく問題の真の空白を埋めているということに気付くであろう。これは模範を提示しようなどというのではない。分かり易い伝達であり、人間・環境双方を豊かにする施しであり、よって共同の創作なのだ。単に物質の中に、あるいは家そのものに「生息している」（ハウゼン）のではなく、人間の住んでいる（ヴォーネン）住居全般について、諸君が説明できるのであれば、その説明によって、極めて多くの事柄に関わる大きな間隙を一気に充填することができるのである。

2.
_{タイプ}型

西方向から撮影した航空写真

型(タイプ)

　本書は、既に建設されている一住宅を例に取り上げ、新しい住まいの問題点を究明しようという試みである。言うまでもないことだが、個別の住居や戸建住宅の模範例を端から遺漏なく当たっていき、全ての事例において確実に正しいものを具体的に提示する、などというのは到底無理な相談である。そのような壮図を描く思い上がりが問題であることは度外視したとしても、そう試みたところで、その結果には型(タイプ)という概念へのよくある誤解ばかりが含まれているに違いない。

　そもそも、典型(テュピッシュ)というのは、決して型枠(シャブローネン)に嵌ったということと同義ではなく、ある事柄の典型とはその一般的性質を指す。つまり、その発生をもたらした原則であり理念である。この意味において、これから扱われる事例はひとつの型(タイプ)として適しているであろう。その型(タイプ)に則した理念は、それが確固たるものであれば、新しい、しかも纏まりのある意志(ヴォレン)を言い当てるものとなるのだ。

　細かい形態のみが本質的なのではないし、個々の特殊な事例を解決したところで、それもまた精髄を成さない。重要であり、かつ一般的な関心が向けられているのは、蓋し建築の方向(リヒトゥング)と線(リニエ)であり、まさにこの家の場合には決定打となった。

　すると、先のような誤解を懸念する必要は殆んどなくなるのである。ここで取り上げる家は、その規模、特筆すべき設備、特殊で明瞭な表現形式の点で、絶対に模範となり得るものであり、許されることならばおよそ100戸程度は建設されてもよいだろうと考えている。

　合理化への流行とは、そもそも住宅を次のように解釈している点で誤っているのである。つまり、住宅を完全に型枠(シャブローネン)に嵌め込み、一体的で、種々の部品から構成されさまざまな形態に形づくられる、固定された完成済みの対象として機械的に大量生産しているのである。だが、合理化の要請を健全に解釈す

るならば、それは個々の部品、造形部分全般が、第一にその機能面において探求され、その後、産業生産の対象とするために、その最も容易な生産方法が模索されていくことを意味するのである。

　つまり、この家を機械としてではなく、可能な限り自由な趣向で構築する手立てを確立するため、そのひとつひとつの部分、なかんずく窓や扉、戸棚、壁といった要素について検討されなければならない。

　合理化に対する誤った認識は、最終的に家そのものを発生源とする退屈さを導くだけであるが、逆に正当な知悉は、何より住宅建設を活性化させることになるであろう。すると、これまで手工職人だった者はすぐさま組立て工になり、誤ったロマン主義から磐石な地へと回帰するのだ。また、合理化が技術的な支えそのものになり、男性の権利ばかりを不当に行使したり、同じ様に誤解されてきた規　格　化（テュピツィールング）によって、住宅の配置自体を型枠に嵌ったものに押し下げてしまうのではなく、むしろこれが貢献する存在になるのだ。

　しかし現実のところ、住　居（ヴォーヌング）とは人間の生活を最も直接的に反映する枠組みであり、それは総体として生活の所産である。そこで、住居をその構造や設備の面から徹底的に標　準　化（シャブロニズィーレン）する前に、我々は何を置いても決定的に人間を標　準　化（シャブロニズィーレン）してしまったに違いないのだ。その結果、住居は住宅製造機械から製材された角材のようにゴトゴトと音を鳴らしながら現われ出てくることになり、しかも、最良の住居形態については、依然としてその最小限の条件を模索しながらも、なお解決されぬ目下の課題として残ったままなのである。

　従って典　型（テュピッシュ）とは、何より型　枠（シャブローネン）や制服、あるいは画一的な軍事訓練など消え去った所に始まるのであり、それはおおよそ以下のように現われる。人間は、住居や住宅が「気に召すもの」ではないので最初は拒むものの、長く暮らす内にその全ての機能に次第に慣れていき、終いには全く同じ大きさでなくとも「同一の形式」であればそのような家を所有したいと希望するようになる。とどの詰まり、当初抱いていた不満は、完全な納得へと変貌するのである。

　そうしたことから、この家の基本的な方向性は、その規模の大小、間取りの数、その特別な配置をも超越して、簡潔に、そして健全に思考する人にとっては依然として本質的なものであり続ける。その際、その健全な人間の理解力こそが、最も明白な形で型（タイプ）の概念を決定付けるのである。

3.

建築と風景

林との境より白樺を入れて撮影

建築と風景

　住居(ヴォーヌング)というのは、ここでは幾つかの部屋を寄せ集めただけの纏まりや室内設備の集積体としてではなく、内部機能や外部への影響を全て包含する総体(ゲザムトケルパー)として、つまり、周辺環境、庭、それに風景との諸関係の内にある住宅(ヴォーンハウス)として示されるものとする。これは、今日盛んに議論されている建築の問題と関わり、そのひとつの適例を提示することになる。

　その議論は二つの極論の間を揺れ動いているのである。一方では、住宅建築においても従来の価値観に基づく建築美を自己目的として追求する考えがあり、しかし他方において、住宅建築であってもそれは少なくとも合目的な建物であり、従ってあらゆる先入観としての「芸術的観念」を受け入れずに、建築の文化的な側面を現実の課題に対する極めて限られた範囲でしか期待しない、つまり、ある住宅の建築体(ケルパー)が、その内部機能に相応しい解決法に従って自ずと、できるだけ自然に生み出す要素を簡潔に表現しようとする考え方とがある。
　後者の見解については、先の章の終わりに触れたように、当初は抱く不満も総合的な有機性を理解することを通し、次第に極めて強い愛着になり得るという事情が弁護する。けれども、他方の「美しき」建築をめぐっては、深く理解すればするほど、美しいファサードと住宅内部の事情との間に矛盾が生じてしまうという危険を孕んでいる。この危険とは身近なものだ。というのも、最初に一瞥した際の美しいという印象は常に某かの慣習に結び付いており、煎じ詰めればそれは過去と結び付いているのである。過去、それは最終的には、周知のようにそれぞれの構築的、建築的造形とは無関係な要素に立脚している。我々にとって、歴史に立ち返ること、しかもビーダーマイヤー様式のみを雛型とすること[1]は、各々の真摯な論議とは異なるところに生まれる気まぐれな作為でしかないのである。

林との境より松を入れて撮影

　そうなると、既に建築の問題など端から除外されてしまうのである。
　もし絵画を観察しようというのならば、その理解に必要なのは、この家の外縁、土台、あるいは翼廊部の外壁に青灰色の防湿用クリンカータイルが施される以外は、壁体の表面に漆喰を施すことなどという平凡な事実に限られよう。だが、「建築（アーキテクトゥーア）」を形成するのは、住居を外部の大気、外部の明かり、および庭、風景と結び合わせる要素（エレメント）なのである。
　「なぜそう言えるのか？」そう、あちらからもこちらからも人は私に尋ねてくるのだが、ここには建築の外観だけを規定付ける手立てなど無いのだ。我々は今日、外から内を作るのではないが、かといって内から外に向って設計しようという呼び掛けをも拒んでいる。しかし、とりわけ周囲に何も無いような敷地に建つ家屋の場合、外と内との間には截然とした境界があってはならない。

古い隣家から正面ファサードを見る

左側から正面ファサードを見る

車庫、放鶏場、正面ファサードを見る

どういうことかと言えば、家屋本体はその内部機能から生じるのであるが、少なくとも同じ程度に太陽の位置や庭、風景、そして近隣との関係からも導き出されるものである。そしてこの点で、今日なお議論の余地がある、景観破壊に関わる問題に抵触するのだ。

　この論争では、既に当初から「景観(ランドシャフツビルト)」という言葉が、絵葉書のような、と言って良いぐらいの次元のものでしかなく、それを固守することへの熱意を以って、胡散臭い感傷性(ゼンティメンタリテート)を露にしてしまうという歪んだ風景観を抱く事態に陥ってしまっている。

　ここになお、成ろう事なら直ぐにでも時代遅れとなって欲しい、自然に対する心酔の情が影響しているのであり、我々は自然や風景を重要なものとして熟

バルコニーからの風景

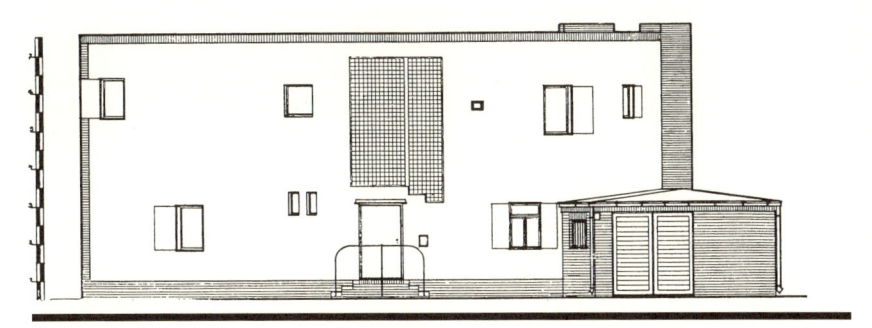

道路側立面図

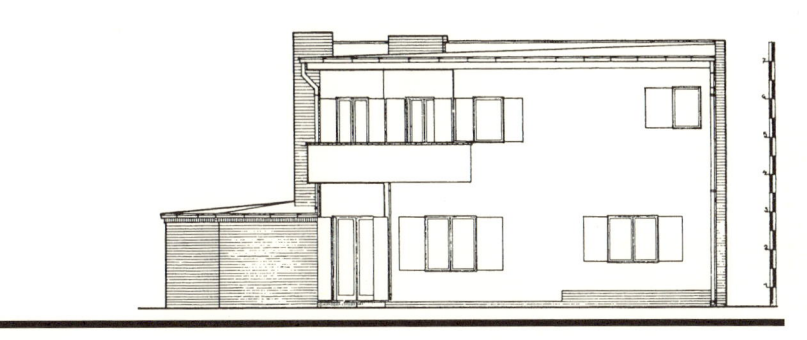

南側立面図

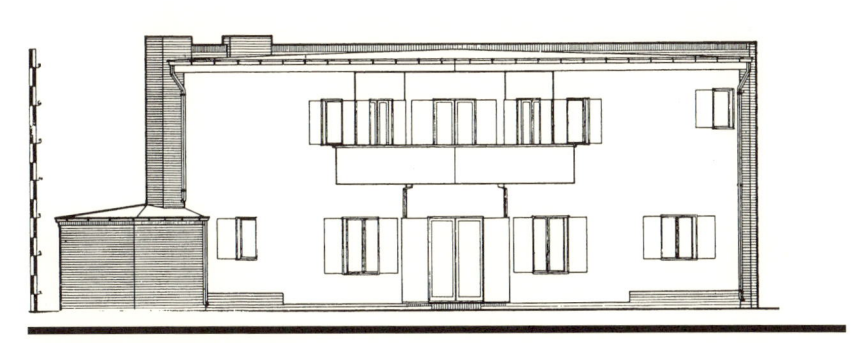

西側立面図（庭側より見た図）

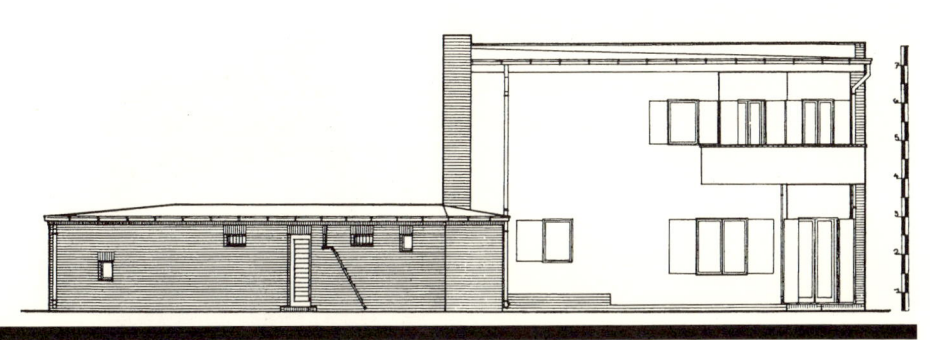

北側立面図

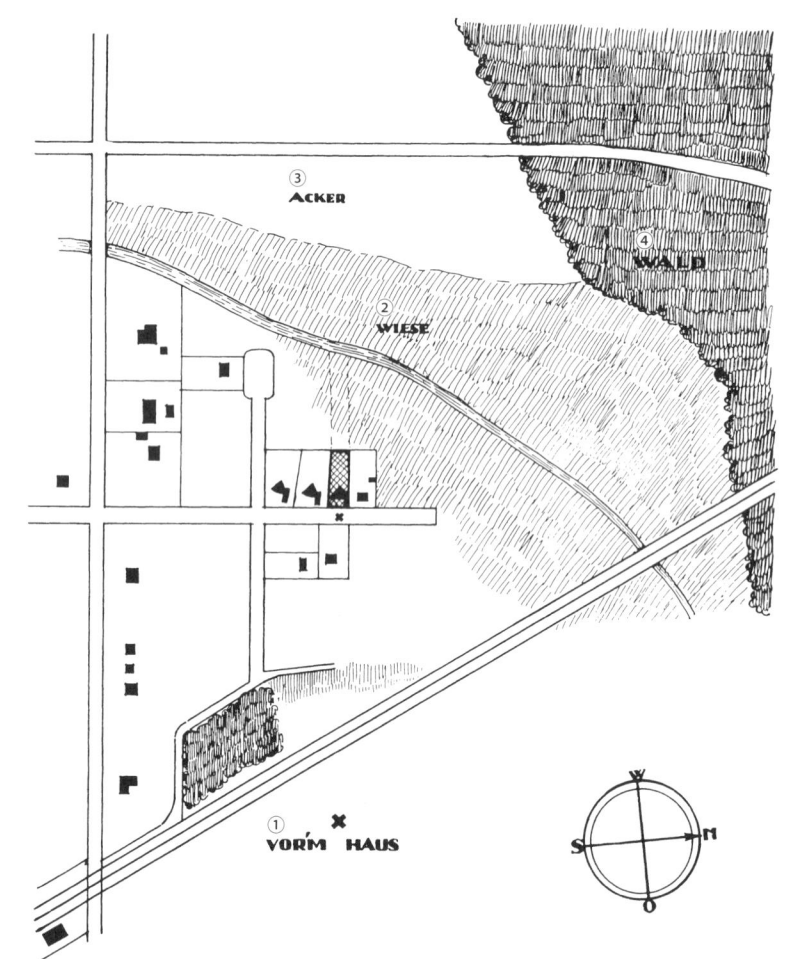

① 当該住宅前
② 草原
③ 畑地
④ 林

慮し始める代わりに、それを世間に溢れる他の物と同様、単に生活する上での必需品として、または自ら崇拝し、自らの価値判断のみによって恣意的に評価し得る対象として捉えている向きがある。その証拠が、郷土文化の保存という大義名分の下に、何やら古い農家風の様式を纏って美しい山々や湖の風景の中に挿し挟まれている家々であり、こうなるともう一種の喜劇役者(コメディアン)の風を呈しているとしか言いようがあるまい。世の人々が、この内的な滑稽さに気づくようになるまで長く時間を要するかも知れない。事実、この家をめぐっても、やはりその景観を「外観を損ねるようなこと」から守りたい旨の反対意見が建築監督局に寄せられたのだ。

　風景とは、一軒の家にとって殊更に重要な条件に他ならない。ちょうど古い農家にも同じことが言えるのだが、情緒的

裏側の正面（西北方向）

な類のものではなく、構造的かつ技術的な意味においてそう指摘できるのである。家の位置は、風景や庭、あるいは太陽の方角から、殆んど計算上の結果として弾き出され、どう暮らしたいかという希望から――それが風景を凌駕している限りにおいてだが――その形態が決定されるのである。

　この庭の地面は、西方の、背後を林と接している広大な草原へと傾いており、太陽はそうして何ら遮る物のない水平線へと沈んでいくため、日没の直前までこの家を照らし続ける。東には不明瞭な道なき道があり、北側には隣家が接している。そこで、簡単な論理に従えば、家の位置は家事用の諸室や庭(ホーフ)の関係から、また通りから直接車で乗り入れられるという条件から北側の境界線に寄せ、反対側は可能な限り最大限の空きを風景の広がる西側に確保するのが妥当である。そこでは、覆いの掛かった、かつ3つの寝室から直接扉を開ければ出られる大きなバルコニーが、風景や清澄なる大気がもたらす作用をひとつの形態として纏め上げることになる。このバルコニーは同時に、横になって寛げるなどといった実用性をも供している。

東側正面
北西側

南側

北方向からの航空写真

　バルコニーの線(リニエ)を斜めにしたことで、風景を成している種々の線(リニエ)は、この極めて分かり易い対照関係の中でひとつの大きな纏りへと取り込まれていき、勢い、この家はあたかも草原の彼方へ、その新鮮な大気の彼方へと舳先を向ける一隻の船の如く、前へ前へと進み出ているように見えるのである――無論、これは審美的意味に沿った形態を意図しているのではない。平面形を斜めにすると、自身に直接相対する窓、これは既存の隣家や況や反対側にというのではなく、隣地に同様の住宅を1軒ないし2軒建てた場合に、平行に相対する窓が1つとして無いという利点が生まれるのである。つまり家の形態は、周囲の条件が結晶化した姿なのだ。

　またこの家は、その外被で展開される色彩の対照効果に支えられている。すなわち、遠方に拡がる自然の緑に対峙して、また日没の太陽や雲の反射に相対する形で、西側は完全に雪のような純白であり、道路に面する東側は黒色である。この家の目指す方向性そのものが、家の最も外側に強調されていると言えよう。熱を吸収するという黒色の持つ特質によって、朝の太陽光と暖かさを家の中へ導き入れている。

飛行機に乗って上空から家を見下ろすという眼差しは、我々の次代の建築にとって一層重みを帯びつつあるだろうが、この家の場合、外見を見るなり明瞭な配色の違いが明らかであり、また家の形態も、全体としてあたかも手頃な実用品、比喩的に言えば精密な機械を成しているようである。

　白という色が、家の外観の角張った印象や形態的に分割されている部分を、その柔らかい色調と雰囲気を醸し出す色の反射作用によって混和させていること。ならびに湾曲部の黒色が膨みのある相貌を与え、これは何かずんぐりとしたというよりも引き締まった印象や、同時に、極めて多種多様な壁面開口各部が散逸的にならない統一感を醸し出していること。こうした点は、この家の外被に対照性をもたらしている配色の有機的特性として付記されてよいであろう。

　では、どのようにすれば、家というのは自然、木々や植物と真に関連付けられるのであろうか？　家そのものが、木々などを何らかの方法で模倣したり、あるいは単にそれらに「順応する」ことを望むのであれば、その達成は難しい。家が家として、木が木として留まるため、ことは上手く運ばないのである。諸君がそれを美しいと感じようが醜いと感じようが、1本の白樺は1本の白樺であり、同様に1軒の家もまさにそういう物に甘んじなければならない。この方法のままには、白樺、松、花、草原が家と内的に関連付けられることはなく、むしろ決定的に従属的な対象となってしまうのである。

4.

はじめに平面図があった

居間より廊下方向を見る

① 居間
② 小部屋
③ 化粧室
④ 廊下
⑤ 風除室
⑥ 中間廊下
⑦ 台所
⑧ 流し場
⑨ 洗濯室
⑩ コークス貯蔵室
⑪ ボイラー室
⑫ 貯蔵室
⑬ 家事用廊下
⑭ ガレージ
⑮ ジャガイモ貯蔵庫

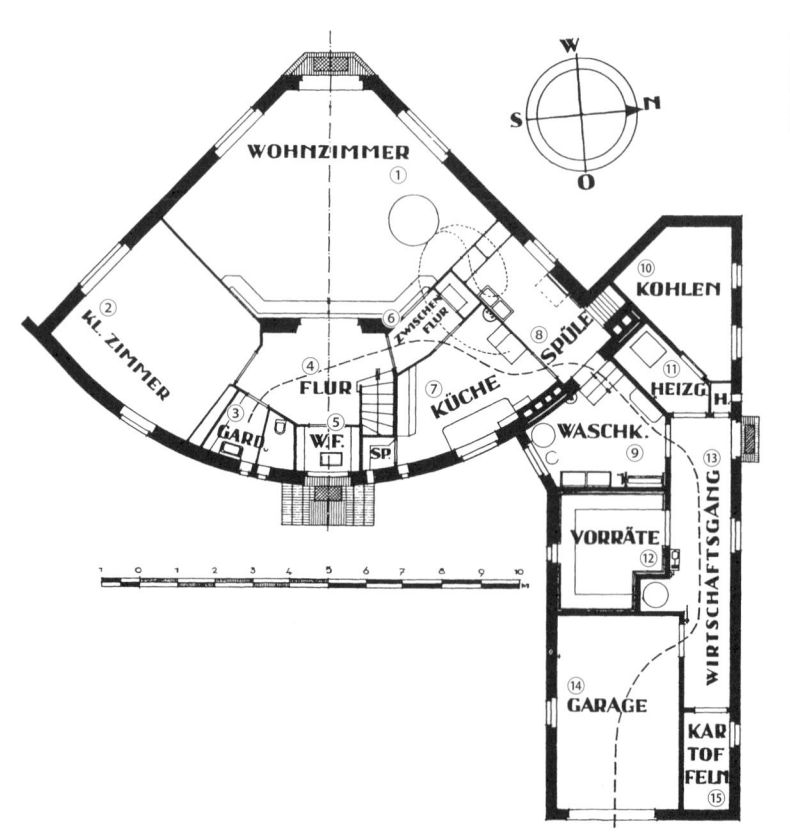

一階平面図

はじめに平面図があった

　ところで、読者の諸君はこれまで説明を読まれて、私が度々言及してきたこの住居の「機能（フンクツィオーン）」とは一体何なのかという点を確めてみようと、その平面図にも目を向けてみたくなったのではなかろうか。平面図というのは、残念ながら抽象的な記録にのみ留まるのが常で、この記録からひとつの真の像（ビルト）を得ることは無論困難である。いや、真の像などは全く理解し得ないと言って良いのかも知れない。だが、それはそれで、空間的条件を瞬時にして簡単に読み取るひとつの有効な形式であるのも事実なのである。

　平面形態が決まるまでの前提条件が、上述してきたことに含まれていなかったとすれば、以下に記す二点はその補足ということになろう。

断面図

　1． 庭や草原からこの家へは何ら遮断する要素も無く連続しているが、それは次の二点の作用によるものだ。ひとつには、大きな居間の天井高が他の部屋より高くなるようにし、また草原からの斜面が上がりつつ家へと──3段の階段を除いては居間に1つの小さな段しかない──連続し、さらにこの流れが階段を通って家の上階へと導かれることで、1階床面を地面と同じレベルにできるのである。

　二つめに、庭、ベランダと結び付けられた形で現われる居間の形態である。付近の地下水脈が浅いため、地下室の設置は禁じられている。地下室を設けないので、結果的に、醜く、また高さもある家の土台が不要となり、さらに住人が庭から居間へ入る際にも、高低差が無いので吹きさらしの高い階段を駆け上がる必要がないのだ。

庭方向から見たところ

階段の支柱から見た廊下　　　　廊下より窓の方向を見たところ

2．部屋の構成は以下のようになっている。すなわち、1階には家事用の諸室がある他に、上述の居間、小さな部屋が1つ。2階には比較的大きい寝室が1

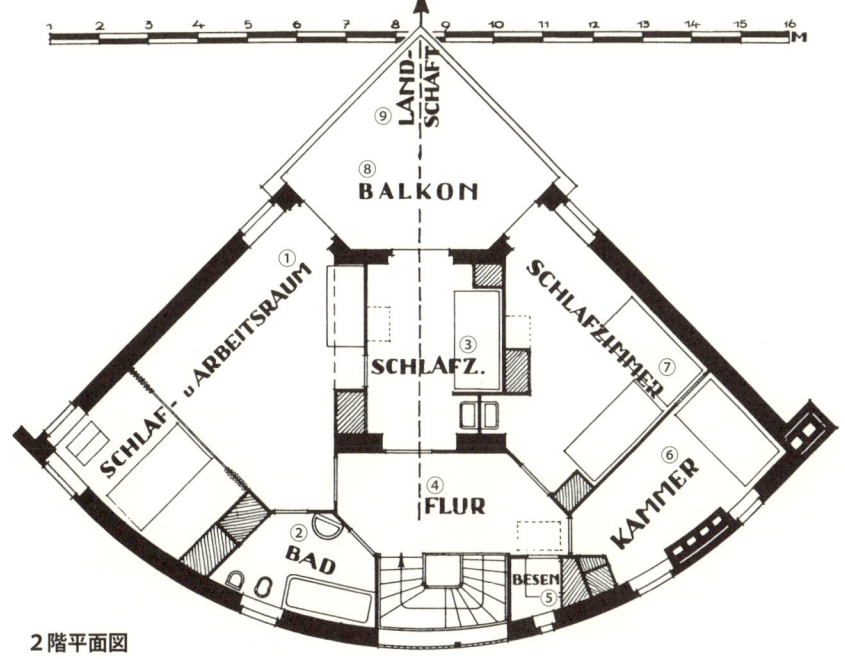

① 寝室兼仕事部屋
② 浴室
③ 寝室
④ 廊下
⑤ 清掃用具収納庫
⑥ 小寝室
⑦ 寝室
⑧ バルコニー
⑨ 風景

2階平面図

つ、2つの寝室、小寝室、浴室と並んで清掃用具収納庫を配置した。このように基本的な条件については、現存する住宅の多くが凡庸で、甚だ独創性を欠く室内構成を採りつつも、居住自体には支障がないことから、5室ある戸建住宅

の通常の構成プログラムとほぼ一致している。

　こうして見出された平面図の内容を読み取るのは、至って容易なことである。先ずは玄関の扉を開けてみよう。すると風除けのガラス戸、居室のガラス戸を通して、庭に面した草原へと至る眺望がこの家に引き入れられる。居間の右端には、洗い場および台所に極めて近い位置に食卓を置く。台所は、匂いを遮断する意味で居間から短い廊下を挟んで隔たっている。続いて洗い場、洗濯室その他の作業室がガレージまで並び、門はなるべく通りに近い位置に設けてある。そうすれば雨脚の激しい日には、自動車から降り、そのまま足元を濡らすことなく室内に入ることができるのである。風除室の左手には、便器も装備した小さな化粧室を配置した。

　2階の平面図は、その配置関係を直接表すものであり、硬い印象を与える矩形とは異なる平面形を用いただけで、こんなにも狭い廊下ながら6つの部屋へと通じる各扉へ直に到達可能となることを明示している。同様に、3つの寝室の各扉からはバルコニーへ出られるようになっており、このような方法により、北西に面する部屋も含め、あらゆる部屋に直射日光を導き入れることに成功したのである。

　平面図の湾曲は、空間を合理的に割当てることを可能にする素因となって

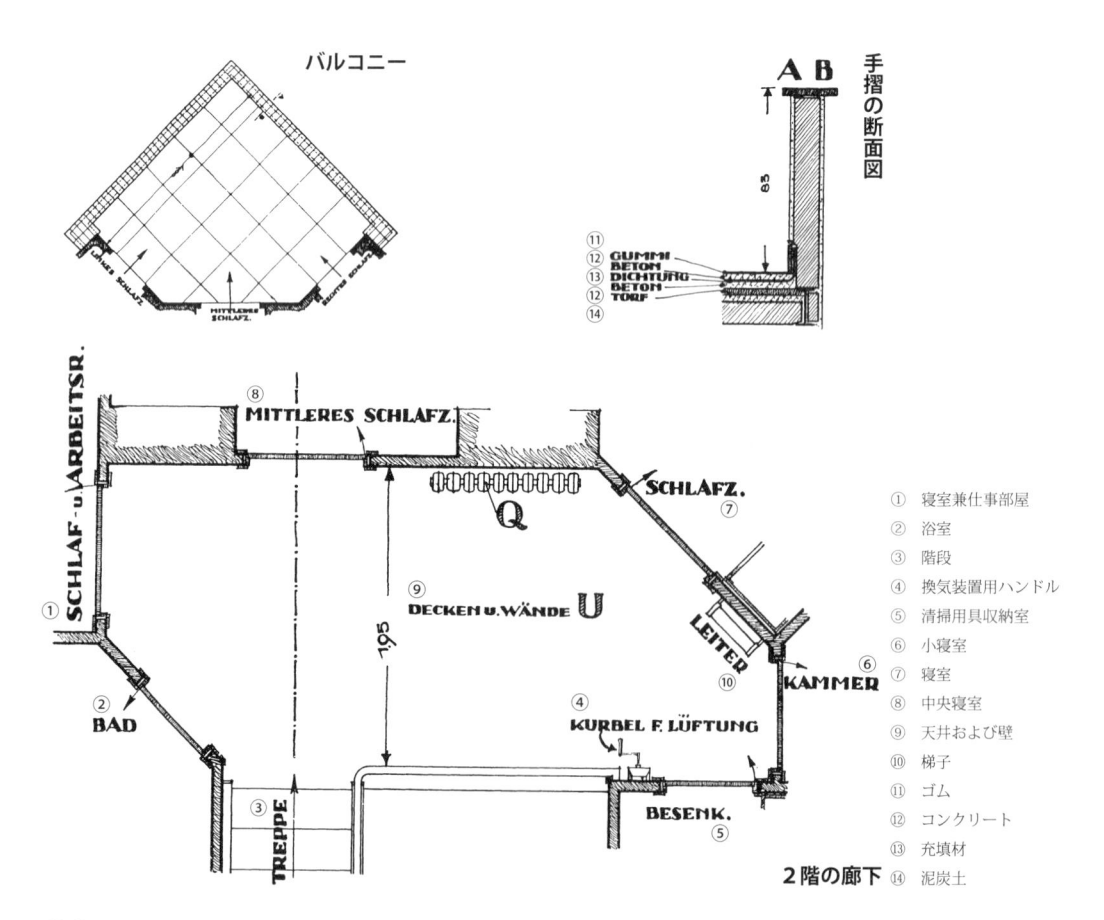

① 寝室兼仕事部屋
② 浴室
③ 階段
④ 換気装置用ハンドル
⑤ 清掃用具収納室
⑥ 小寝室
⑦ 寝室
⑧ 中央寝室
⑨ 天井および壁
⑩ 梯子
⑪ ゴム
⑫ コンクリート
⑬ 充填材
⑭ 泥炭土

階段から見た2階の廊下　　　　　　　　廊下より青い小部屋、化粧室を見たところ

いる。この円という形態は、周囲の長さが同じ他の図形と比較した場合、その内部に最大の面積を得ることができるのである。しかも、直角を成す要素、直角に交わる隅部の硬直性を取り払った平面図の形には、以下に取り上げていく

階段よりガラスブロック窓を見たところ

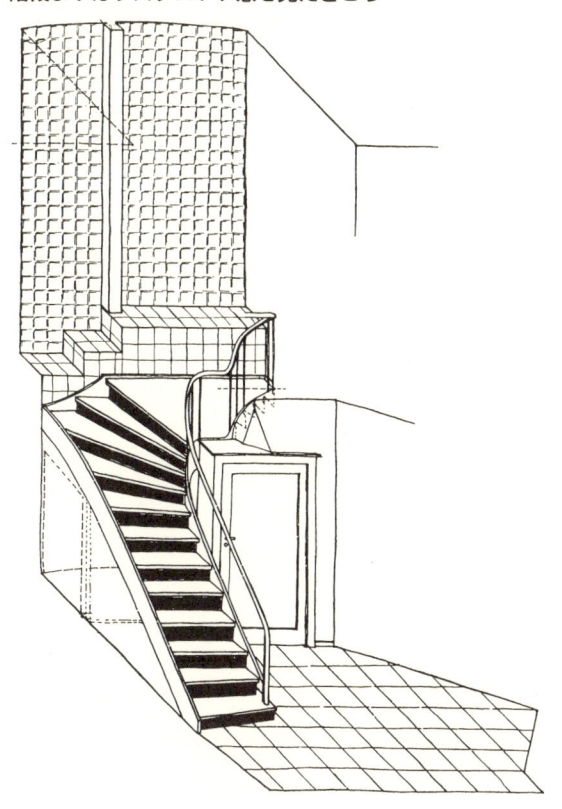

31

細部(デタイル)の側面からも、空間の十分な活用、設備配置に対する効率化への可能性を幾つも読み取ることができるのである。

　平面図を一瞥してみると、梁を受ける構造的支持壁が無いことに気づくであろう。つまり、この家の天井の堅牢さはそれ自身に内在しており、その梁は僅か２本の支持柱に載っているだけである。一方で、その他全ての内壁には軽いラービッツ壁(3)あるいはボード壁を用いている。実際的な空間の機能、その作用については、読者諸君が以下自らその詳細を確めるのがよいであろう。

　この家の形を別の角度から巨視的に捉えると、平面図はひとつの日時計のようになっている。１日の時間の流れも四季の移り変わりも、光と色彩の変化を通じて室内に直接的に反映されるのであり、何より階段室の大きなガラス壁は午前中の太陽光を引き入れてくれるのである。このような平面形の持つ意味、なかんずく階段室の様子は平面形態そのものからは理解できず、また説明することも難しい。

　階段室は３次元的に構成され、１階と２階の連続性がここに強調されている。この平面計画の意図するところは、ただ３次元的な空間理解を通してのみ了解することが可能なのである。ここでの階段室というのは、似たような郊外型住宅にしばしば見受けられるような無駄に広い「玄関ホール(ディーレ)」なのではない。１階においても２階においても、階段室の床面積は極力抑えられているにも拘わらず、その構成やガラス壁の効果によって、垂直方向を束ねる結節点としての空間を成しているのである。そのことは実際、踊り場に立って上階の廊下を見渡したり、また階下に視線を転じ、下階の廊下、さらに居間へと抜ける光景を眺めることで観取できる。両開き扉を開け放てば、その居間もまた、上昇していく階段と空間的に一体化されるようになっている。

5.

設備に関する基本事項

青い小部屋　　書き物机と読書用ソファー

設備に関する基本事項

　この家の詳細を述べる前に、基本的な点について幾つか確認しておくことが必要であろう。3年前に出版された拙書『新しい住居』（クリンクハルト＆ビーアマン出版、ライプツィッヒ[(4)]）の中で記した内容と重複する恐れもあるのだが、ともかくもここでは単に理論的な説明に終始するよりも、実際的な実例を挙げながら、その基本的な事柄について話を展開させていくことにしたい。

　一般的な傾向として、実用的な用途に限定された要素を簡潔に表現したり、あるいは適合する材料を用いて、可能な限り単純で明解な形態を追求するようになっており、従って、家具や扉、窓、その類のものの間で本質的相違は無くなりつつある。こうした一切のものは自立した物体として現出し、その自然な形態において要素（エレメント）を形成するのである。この要素は相互に複合しながら空間の印象を統一し、さらには住居全体を構成する。それらに壁戸棚、床、壁、天井が加わり、またそこで色彩が上に挙げた要素と同様の作用をなすのである。色彩は、無垢な仕上がり面、混濁のない色合いにおいて壁と天井、床それぞれの張り詰めた性質を強固にする上、完全で、かつ室内のあらゆる余計な物を無用化させるような印象上の調和をもたらす。しかるに、カーテン、絨毯、廊下用の長い絨毯、ベッドカバー、毛布、テーブルカバー、その類のあらゆる物、それに絵画――小さな置物（ニッペ）など装飾に関わる一切合財の品々――は余計で邪魔な物になるのだ。

　そこで、織られた素材である！　この素材を目のあたりにし、今我々の感覚はある変容を経験している。それは批判的であり、従来の素材使用に対する観念上の正当性に疑問を投げ掛けるのである。安楽椅子、横臥用家具には織られた素材、つまりカバー類としても、あるいは敷布ではあまりに皺になりやすく、ゴムやその類の素材では相応しくないような場所での一時的な仕切りとしても用いることのできる毛織物が適しているのだ。

室内の光を和らげるため、そして「雰囲気(シュティムング)」をまろやかにするために、という理由から、これまで多種多様な素材——壁紙、窓際のカーテン、戸口の仕切りカーテン、テーブルカバー、ランプシェード、床プラスター、絨毯、浴室マットといった——を欠くことができなかった訳だが、今日ではそうした物に対する我々の感覚は変容しつつある。得たいのは、もはや錯覚を起こさせるような素材でも居室における霧のかかったような濁った雰囲気でもなく、はたまたランプ明かりの傍の、せいぜいレンブラント絵画に見られる明暗に多少の手を加えたような雰囲気を強調するものでもない。まさに雨空のどんよりとした気候の下においてこそ、家の内に漂う鬱々とした気配を追放するために全ては明確にされるべきなのだ。気候上の理由、あるいは心理的な理由、さらにおそらく物理学的な理由からも、ここではその点に最大限の注意が払われている。何より夕刻時、何にも覆われず輝きを露にする窓も、日中にもたらされる日溜りの光景と同様にまた美しいではないか？

　快適さのためにこの住居に求められるのは、そのような付随的要素が無くとも住居として成立し得るようにすることである。すると、あの厄介な堆積物をいとも簡単に生み出し、片付け作業を困難にする、あり余る程の不必要な物が消滅し、機能性は一層増すのである。かつて、そうした不要な物のために掃除機が発明されなければならなかったし、現にその発明は皆に拍手を以って迎えられている。また、遮光のためだ、外部からの視線を遮断するためだと言ってカーテンだけを頼りとすることはない。それに代わる建築的手段、この場合は調節の利く鎧戸によって確りと調整できるのである。

　この空間形成の手立ては、かつての構築方法より単に実用的だから勝っている、というのではない。むしろ、人々がその喪失を危惧してきたいわゆる「寛ぎ(ゲミュートリッヒカイト)」(5)を居住空間に付与することさえできるのだ。勿論、塵が溜まるような所の寛ぎが問題なのではない。そうではなく、落ち着きのある、総じて調和の取れた室内の印象こそが問われているのだ。既に浴室、台所といった純粋に実用的な空間においては、色彩など使用しない段階でも、最小限にして十分な方法に則して必要なものを配置し、構築するだけでこの寛ぎ(ゲミュートリッヒカイト)の別の形態が現われているのである。

　純粋な美——もっとも感動させるようなものであればだが——、これは実用の結果に他ならないし、台所や浴室の例に見られるような実用性と全く同一でさえある。この方法で、実用性から鑑みて適切な設備によって、生活そのものの明晰さ(クラーハイト)や静寂さも共に達成され得るのだ。その後、人はこの生活の落ち着きと上辺だけの美しさとを天秤に掛け、どちらを必要とするか判断できるようになるだろう。

　この実用的なことに関して言えば、その新しい見解を基に、かつての設備を

改め、快適性に関する最も些細なことすらも諦めるべきであるというのは誤解である。

その反対に、我々はあらゆるガラクタ、その片付け作業、溢れる洗濯物などから解放されることで日常の負担を軽減させ、我々自身の生活、我々の思考上の自由を享受することを望んでいる。入浴や日光浴から得られるような身体に良い衛生を家の中においても得ようとすれば、十分に整然とし、しかも他ならぬ自ずと細部の悉くに至るまで表出してくる形態を採らなければならない。勿論、新しい統一性について何ら慮ることもなしに、単に全ての絵画や窓カーテンなどを剥ぎ取った後に現前化するであろう殺風景な様が希求されているのではない。ここでは、覆い隠さず、強調された全ての、取りも直さず全ての細部の表現を通して達成される新しい統一性(アインハイト)が問題なのであり、従って、例えば暖房用放熱器のみがその剥き出しの外観と上辺から特に強調されるのではなく、原則的に全ての導管、放熱器への管そのものも同様に扱われなければならないし、さらには、壁に施された色彩の状態との関連において説明されなければならない程にそれは広範囲に亘ることなのである。

従来、その醜さゆえに隠されなければならないが、しかし必要不可欠な物があると思われてきた。ところが今日ではそのような物は無く、配管の付いた暖房器具のような必要設備は、その物体性をもカッヘルオーフェンの如く我々の眼前に全て詳らかにされ得ると我々は考えている。こうした現代の暖房法も、いずれは電気式暖房という決定的な解答によって時代遅れなものになるだろうと想像されるが、今の技術的発展段階に照らせば、この暖房方式は某かの自己完結性を備え、畢竟、独自の技術的美しさを手中に収めているのである。温水がボイラーから拡張器へ、そして全ての暖房機を経て再びボイラーへと戻ってくるという循環は、子供でも容易に理解し得る構図である。

加えて、暖房用の配管自体にも暖房効果が期待できる上、万が一損傷が生じた際にも容易に交換できるのである。

日常生活における秩序や明晰、簡明さは、設備の方法、戸棚の配置その他を通し、極めて本質的に規定され得る。これらは、個々の設備が、必要とされる位置にできるだけ常時装備されている状態を通して顕れるのである。要するにこれは、経済学者が試みている様々な模索と並行しながら、大きな経済的視点に立って生産を可能な限り消費に近づけていくという過程と同じなのである。

生産と言ったのは、ここでは例えば下着類用の棚であり、消費と言ったのは自らの下着に関わる要望を意味し、これは大きな下着用棚に何もかもごた混ぜに持ち込まれた後に漸く仕分けされるのでなく、最初からそれぞれ分類してあれば、個々人がそれを即座に自由に使えるという訳である。この原則は、家の掃除に関して言えばテーブルクロスを掛けること、食卓を片付けること、食器

を洗うことなど、同様のあらゆることに一層的確に当て嵌まるのだ。

　新しい住宅建設の課題は、そうした住宅の有機性を創造することにある。その有機性は、御しがたい対象によって引き起こされる摩擦の数々を最小限(ミニマム)へと還元し、可能な限り取り除いてくれるのである。家は諸々の部分も含め、人間が所有する対象になるべきで、家が人間を所有するようであってはならない。家事の機械化にも限度があるように、その点に、個々の問題、造り付け戸棚の設置といったことの基準線が引かれるのである。
　家は住人にとって、仕立ての良い上着のようにぴたりと適合していなければならず、畢竟、似合っていなければならないのだ。美しさを考える上での基本とはつまりこういうことである。
　　人間を抜きにして空間がどう見えるか、などということはどうでもよい。
　　重要なのはただ、そこで人間がどう見えるかである。

　かくして、扉や窓など、要するに全てのものの寸法は人間に即して考えられなければならない。小さな部屋へ至る扉を作るのに大袈裟に計算することはない。女性や子供はその中で自然に映らなければならないし、180cm以上ある長躯の男性は屈んで通ることもできる訳だ。一般に廊下の扉は190cmも高さがあれば十分であり、それより大きな扉が採用される所には、広い空間への開放であるとか、風景への開放であるといった某かの意味付けがなされるべきで、そうすれば、プロポーションが人間の尺度を蔑ろにすることは決して起こり得ないのだ。

　従って、個々の形態をめぐる定説(ドグマ)も取り払わなくてはならない。「現代の(モデルネ)現代の(モデルネ)」と連禱の如く棒読みに繰り返し唱えていれば、まさにかつての様式秩序のようにやがてそれは根本的に古くなり、時代に合致しなくなる。
　絶対的で、まさにあらゆる素材と、ガラスとさえ結び付き、立体的で深長な趣に欠ける平滑さ。ブロンズ、銅、真鍮といったあらゆる黄色系金属の排除。色調の形式的な制限。対称性(シンメトリー)のやみくもな拒絶。平面図における直角、あるいは四角形の絶対的独裁。建物形態におけるサイコロのような形の独裁。構造における水平性の独裁。ドアの取っ手かランプ、椅子のように些細な部分に至るまで何もかも角張らせることの独裁。こうしたことの全ては、理論の下に硬直化してしまい、再構築するどころか新しい疲弊を意味しているのである。

　有難いことに、我々はリヒャルト・ヴァーグナーの[7]「総合芸術(ゲザムトクンストヴェルク)」をめぐる思想を古くから心得ているが、同時に我々は各々の些細なことに芸術的な表示を期待するという姿勢からとうに乖離してもいる。だからと言って我々は喧

しいことをしたくはない。我々が得ることのできるところから全てを得るのがよいのである。例えば、使い易く自然なドアノブ、或いはそうした椅子などが建築市場にあるならば、何ゆえ再び新しく最初から最後まで設計することがあろうか。

　その際には建設費の問題も関わってくるであろう。新しい住宅が、いずれにせよ建築家の新しい考察と様々な労苦を経て初めて生まれるのだという点は本書から明らかにされる通りだが、そのように、建築家が住むことの重要さを細部に至るまで詰めていくことで、今日でも建築費は実に高くついてしまうであろう。その結果、最低限の居住基準という視点からは多くが不必要に映り得るかも知れない。例えばゴム製の床、バルコニー上部にあるガラスブロックの屋根、階段室のガラス壁などである。これらが贅沢であるか否かは、偏にそれらにいかなる性能が具備されているのか、という問いに答えられるかどうかに懸かっていると言えよう。この問いに解答が与えられるのであれば、贅沢の観念は、この家では基本的に避けられている領域へと押しやられることであろう。要するに、贅沢とは家全体の慎ましさや単純性とは対照的な位置付けにあり、素材の価値を過度に強調したり、高価であることを誇示することによって個々の部分を表出しようとすることなのである。このように、元来は簡素な住居において、家具、絨毯、ランプシェードなどの品々が上辺だけの豪華さを表現すれば、これに起因する多くの不協和が生じ、しかもそれはとりわけ甚大な影響になるのである。

6.

1階の居住空間

北東方向から見た正面ファサード

入り口
扉を半分ほど開けたところ

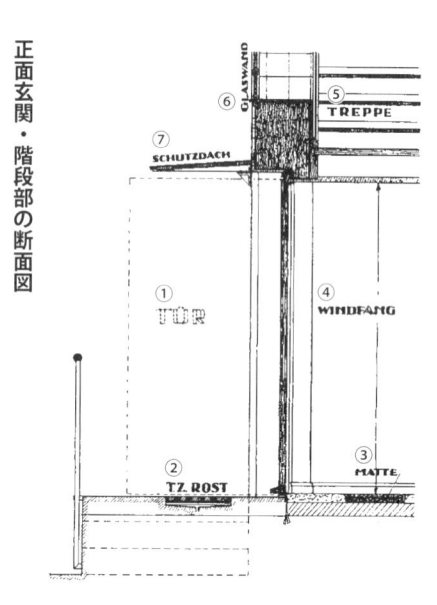

正面玄関・階段部の断面図

① 扉
② 格子蓋
③ 玄関マット
④ 風除室
⑤ 階段
⑥ ガラスの壁
⑦ 庇

ガラスブロック窓と玄関

1階の居住空間

風除室、玄関ホール、居間へと抜ける視線

青い小部屋から玄関ホール、階段部分を見たところ

化粧室

色彩記号は以下太字で表示し、これは図版中および本書口絵の色見本チャートの表記と一致している。

　ガス管を赤く（**Q**）彩色しただけの極めて慎ましい手摺が付いた階段を3段ほど上ってみよう。すると、白く光沢のある玄関扉が現われ、これは下面が赤く塗られた庇の下で外側へ向って開かれるのだ。その際、扉の上面は庇に殆んど触れんばかりであり、従って、開放した扉の前に立つ者にとってそこは風除け・雨除けを成す。訪問者はさらに風除室の内側へと入る訳だが、その領域も無駄のない大きさで、またよく知られているブーツの汚れを落とす玄関マットなど標準的設備を備えている。磨き板ガラス付きで非常に光沢のある扉からは、居間までを見通すことができ、その際、風除室の冷たい青色（**V**と**W**の中間）から涼しい色彩の玄関ホールへ、更にそこから居間の暖色系の色調へと漸次変化しながら色彩的な印象が与えられることになるのである。その玄関ホールは、上部まで完全な白色（**U**）、1階部分の天井は冷たい緑色（**G**）、暖房の配管は

43

化粧室、便所（風除室の脇）

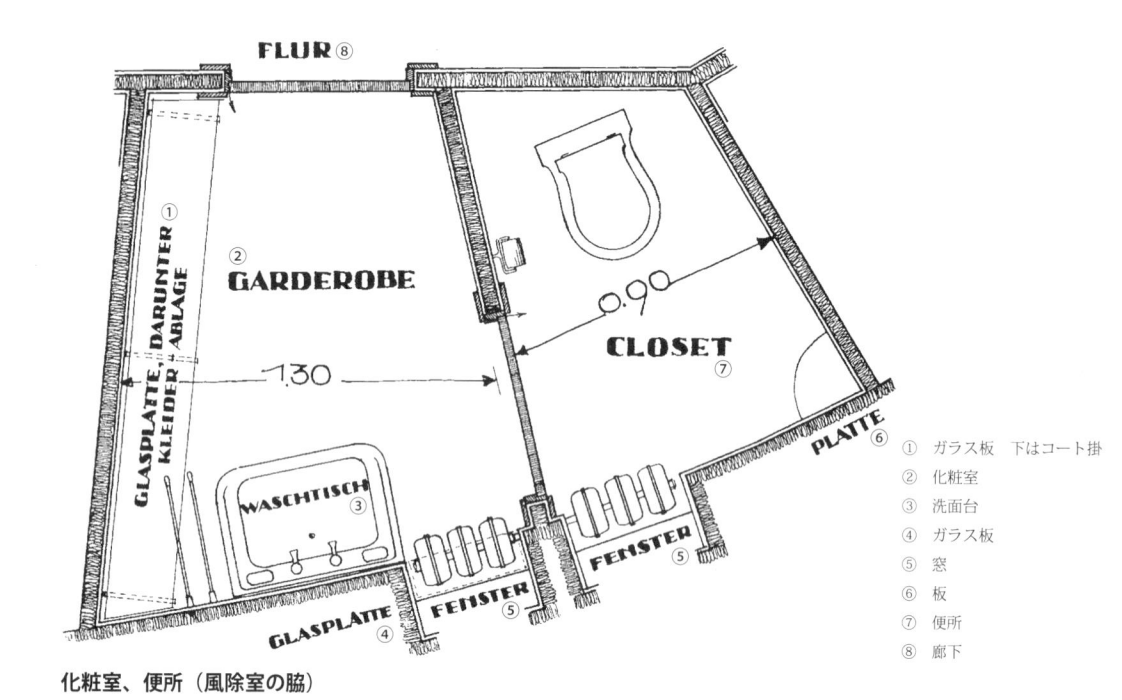

① ガラス板　下はコート掛
② 化粧室
③ 洗面台
④ ガラス板
⑤ 窓
⑥ 板
⑦ 便所
⑧ 廊下

ここではレモン色（**R**）とした。

　その隣にある小さな化粧室には、必要な設備をやはり最小限の大きさで配置

居間より庭を見たところ

したが、これで不都合を生じている訳ではなく、大きな洗面台もあり、暖房器具の置かれる張り出し部分にはガラス板も付いている。居間の扉は黒く塗色し、その当り縁は白、枠は深紅色（**C**）、黄（**F**）、黒などに彩色した。居間においては、

両側の大きな窓や中央の扉から、四季を通じてありのままの自然が広がる庭の風景が見え、その風景は草むらの背後にある林によって縁取られている。一年中美しいこの風景こそが私の色彩計画の出発点であった。
　窓や外部への開口部がある三面の壁、扉は従って黄褐色に近い灰色（**B**）であり、一方、この六角形の部屋のその他の三面は深紅色（**C**）、扉の枠は同様の色階でやや暗い色とした。室内に入り込んでくる夕刻の太陽は暖かく輝き、ぎらぎらとはしていないからである。それに対して天井全体は水性塗料の中では最も鮮烈な赤色（**A**）であり、そうすると、下の床面には、反射した天井の赤色が自然の緑色と対立することなく、野原の緑の補色として現出するのである。この住宅の他の部分でも、高彩度の色彩は間接的に照らされる面にのみ使用されている。
　室内の色彩に関しては、基本的に次のような原則を指摘できるであろう。鮮烈な色調は直射日光が差し込む所ではなく、スポット的に当る部分か日陰になる場所、またはこの高彩度の色彩がけばけばしくなることなく、あくまで生彩のある雰囲気を空間に与える道具となるような部分にのみ用いられるべきである。
　この部屋の扉は、他の部屋と同様に通常見られる合成材を用いたもので、欧州ブナの自然な色合いを生かしながらニスを塗布している。多彩色の拡がる空

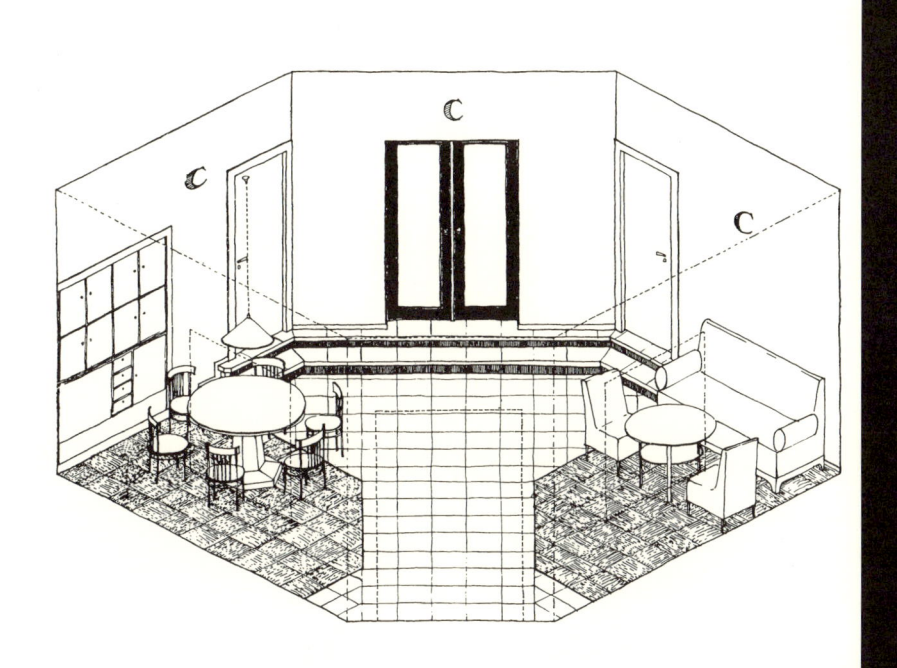

庭方向から見た居間

間造形の中で、自然の木材をどう扱うかは難しい問題だ。ある色彩がその輝きによって木材の美しさを侵害するようなことや、木材の持つ上品な素材の魅力を奪うようなことは絶対に避けられるべきで、さもなければ、壁面は訴えるもののない暗褐色に堕するであろう。赤色はこうした危険を最も孕む色であると言える。

　ここでの色彩の使用をより完全なものとするために、内側の窓枠とガラス戸を黒、ガラスの美しさが際立つように当り縁は信号色の赤（**Q**）、窓台は黒だが、それに対し、残りの窓の木枠は純白とした。大きな暖房器具は灰色に塗られた壁の前で、注意を喚起する赤（**T**）、青色（**S**）の２色——つまり、排水用の管は濃いくすんだ青色。上水管は濃いくすんだ深紅色——に塗り分けられている。露出した配管には、まさにこの場合、２つの大きな壁面をも共に暖める効果が期待されているのだ。

　また、家具は控えめにし、椅子は黒い物を、ソファーと安楽椅子（安楽椅子は、古い物に手を加え再使用）のカバーも同様に黒い物を選択すると全体の精度が極まる。

　庭への扉を抜けて行くと芝生面が広がり、そこから濃い色彩で彩られた居間が見えるのだが、その色調は廊下から見るのとはまた異なった性質を持っている。この家は外から見ると完全な白色で、それによって住宅の明るい雰囲気がより強調されているのだ。鎧戸の滑らかな平面は白色であるが、窓枠は明晰にして正確な窓の形態を強調するために黒色であり、レモン色（**R**）の当り縁が付いている。

　窓には光と温度を調節するために鎧戸を設置することにした。鎧戸は木製の溝の中に寸分違わず収まっており、これを閉じると、完全に、滑らかに壁面と一体化するのである。この鎧戸は、ここでは少しもロマン主義的な雰囲気を醸し出すようなものではなく、冬季の風圧がかなり強いので保温のために不可欠な要素なのである。同時に夏季には涼気を保持するため、また場合によってはカーテンの代用として太陽光を和らげるという機能も担っている。

　居間は、この家の核となる空間である。家の中心にあるこの空間をできるだけ広く確保するために特別なダイニングは設けず、部屋の脇、いわゆるニッチに相当する部分に食卓テーブルを据え、反対側はティーテーブルの周囲に数人が座れる場所とする。こうした空間的機能を床（ベルリン、ルンゲ・ヴェルク社製のゴム貼り床）の色分けで明示するため、灰色の通路を内側の扉から外側の正面扉へと連続させ、残りの２面部分を青みのある灰色とする。それによって生じる線は、見取り図の主要な線（リニエ）を吸収しながら、１階の小さな居室の方向に続き、そこでは黒色と淡い灰色が交互に軌跡を織り成している（ゴム素材

居間の窓　観音開きの窓が開いた状態

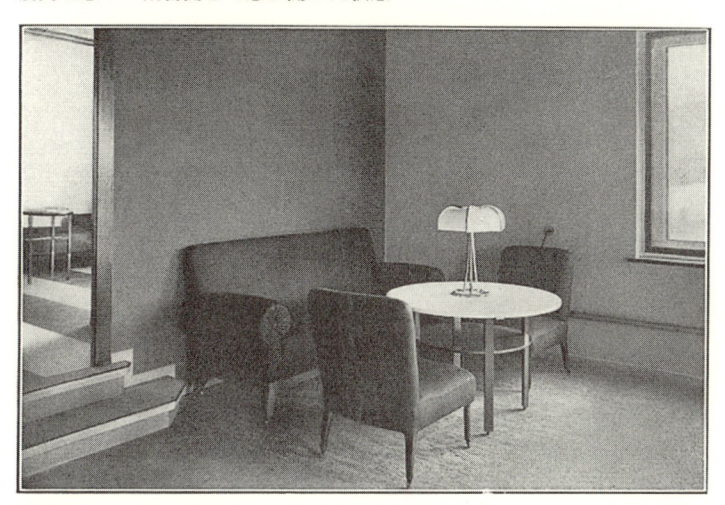

昼間のティーテーブル

明かりに照らされたティーテーブル

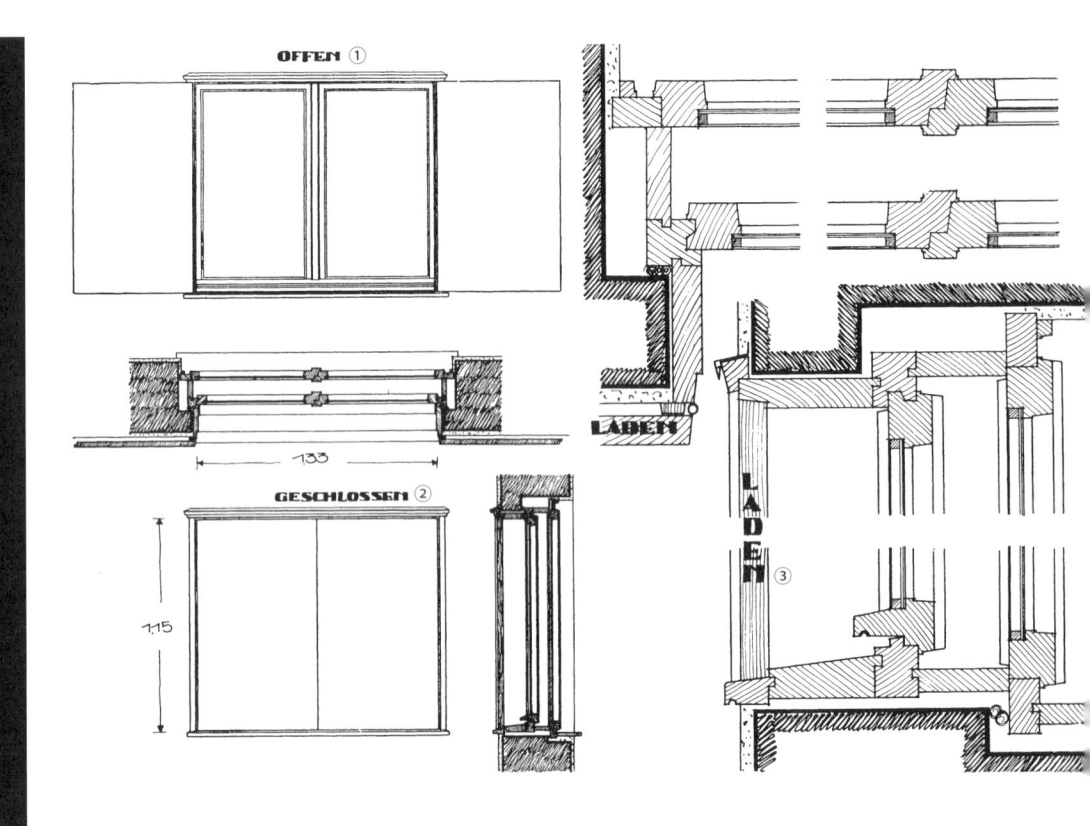

窓と鎧戸の標準形

① 開放状態
② 閉鎖状態
③ 鎧戸
④ 透石膏
⑤ ニッケル製の十字フレーム
⑥ ベゼーク反射板
⑦ ルックスファー・プリズム

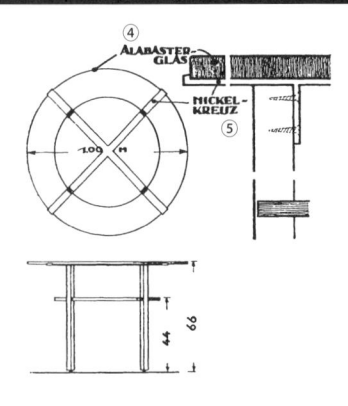

居間のティーテーブル

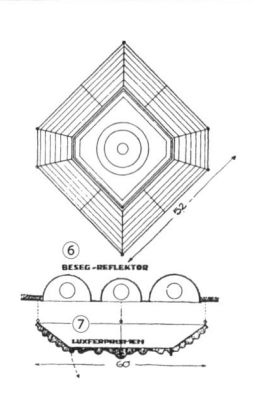

居間の天井照明

① 窓
② ソファー
③ ティーテーブル
④ 天井の色彩
⑤ 食卓
⑥ 小部屋
⑦ 階段廊下
⑧ 台所への中間廊下
⑨ 食器棚
⑩ 庭への扉
⑪ 読書用ソファー
⑫ 書棚
⑬ 化粧室
⑭ 廊下
⑮ 居間
⑯ 寝椅子
　（新案特許ベッド）
⑰ 書き物机

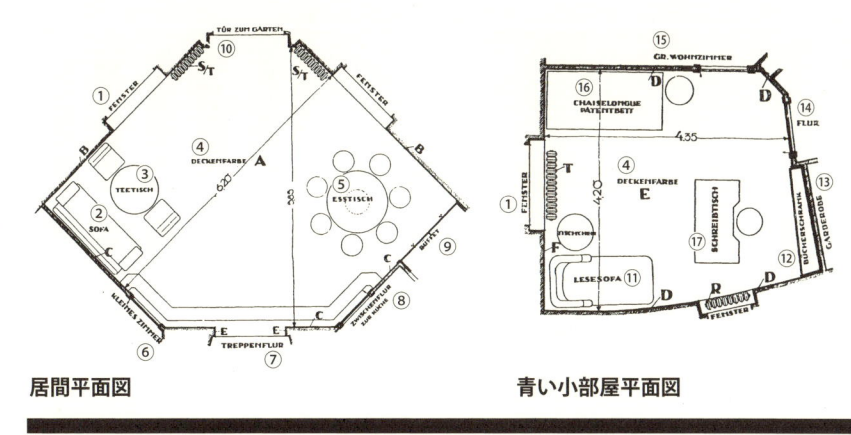

居間平面図　　　　　　　　　　　　**青い小部屋平面図**

はリノリウムより高価だが、容易に掃除ができ、カーペットや廊下などの長い絨毯などは不要である)。

　ティーテーブルは、持ち運びが容易な白い透石膏板（その構造、照明については図を参照のこと）である。

　居間の照明器具にはベゼーク反射板を採用する。すると光は、煌めきという非常に重要な性質を維持しつつ部屋全体に隈なく行き渡り、またルックス

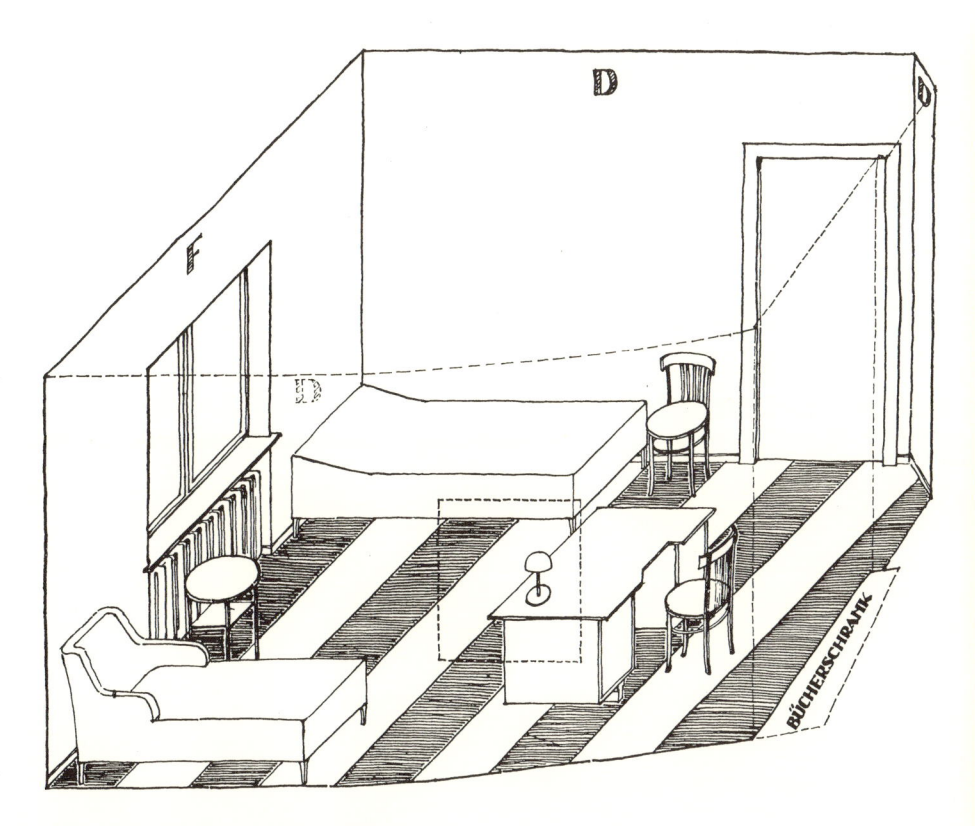

前庭（通り）方向から見た青い小部屋

49

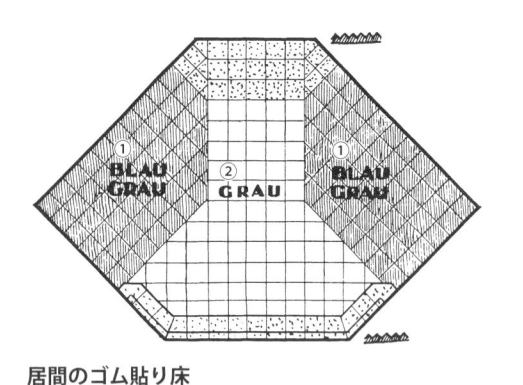

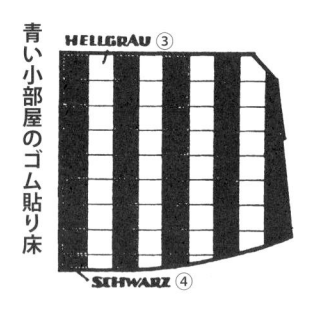

① 青灰色
② 灰色
③ 明るい灰色
④ 黒色

居間のゴム貼り床

青い小部屋のゴム貼り床

ファー・プリズム(8)の効果により新たな光濃度が構成され、柔らかく暖かい雰囲気が醸し出される。これは、光の濃度を昼間においても活き活きとさせることへのひとつの解決策を提示しているのである。

　食卓テーブルならびにその付属品の説明に入る前に、1階の小部屋の印象を

青い小部屋の本棚

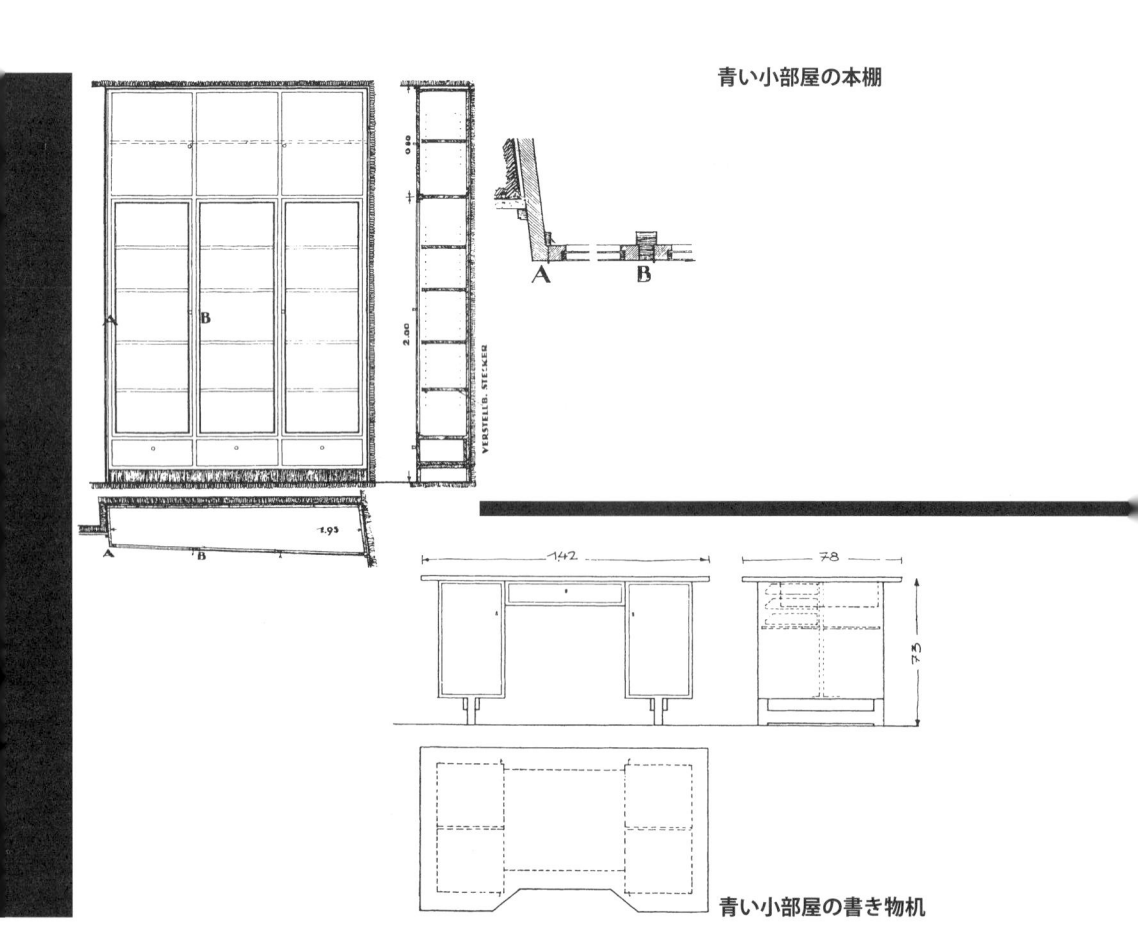

青い小部屋の書き物机

50

本棚を備えた青い小部屋

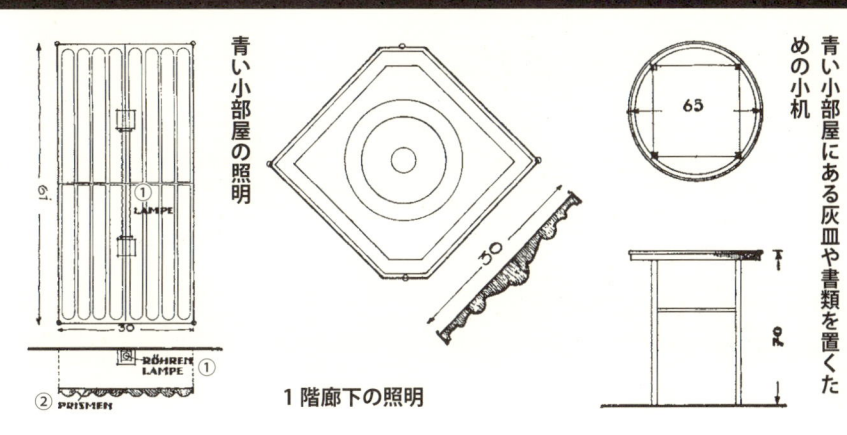

青い小部屋の照明

1階廊下の照明

青い小部屋にある灰皿や書類を置くための小机

① 直管形灯
② プリズム

叙述しておきたい。ここでの色彩は、居間のそれとは対照的に涼気を伴う。だが冷たいと言う訳ではない。天井には深い紺青色（**E**）。両側の長い壁面、背後の壁には柔らかく明るい青色（**D**）。反対に、2箇所の佇む場の間、中央窓のある正面の壁面にはクロムイエロー（**F**）を施し、それによって廊下から庭への方向性を強調させた。また対照的に、床面は書き物机と書棚の向く方向性を居間と関連付け、黒と明るい灰色のゴム敷きによってそれを際立たせた。その他、扉には暗めの色（青）の枠の付いた自然な色調を、松材を用いた書棚にも同様に濃い青色を、読書用ソファーの布地部分は黒く、掛かっている覆いを灰色とする。この読書用ソファーも同様に使い古しの品に手を加えたものである。安楽椅子はいわゆる新案特許ベッドで、来客用に常備してある——来客用としてはその他、化粧室に洗面台も用意してある——。しかし、この部屋はいわゆる「サロン」や「紳士室」なのではない。時に、子供達が寝泊まりするために、または上述のように来客の読書用に、さらに家族で使用する様々な物を作成する際の作業場として用いることを想定した予備室なのである。

青い小部屋　　読書用ソファーと寝椅子を見る

書き物机（バウハウス・デッサウの照明器具を装備）には4つの施錠可能な特製の区切りがあり、その各区切りはさらに、手紙以外の必要な物も十分に収納し得るよう3段ずつに分割されている。室内の照明は居間と同様、蛍光灯の下にルックスファー・プリズムを装着したもので、やはり階段室、浴室においても同様の照明方法が有効である。残る家具調度品として、天板に黄色（**R**）を塗色した簡単な小机も挙げられる。

　なお、大きな窓の下にある暖房用放熱器やその配管の色は**T**、小さな窓の傍にあるものは**R**である。

　以上、この章では、結果的にやや無味乾燥な説明になったものの、設備について叙述することを試みた。室内の微細な要素や、結果的に室内の条件に基き、決して外観ファサードの構成を目的とはしない窓・扉など、そうしたあらゆる要素の調和関係については書き著すことが難しいため、図面をその手掛かりのひとつとして頂きたい。

7.

被覆された食卓

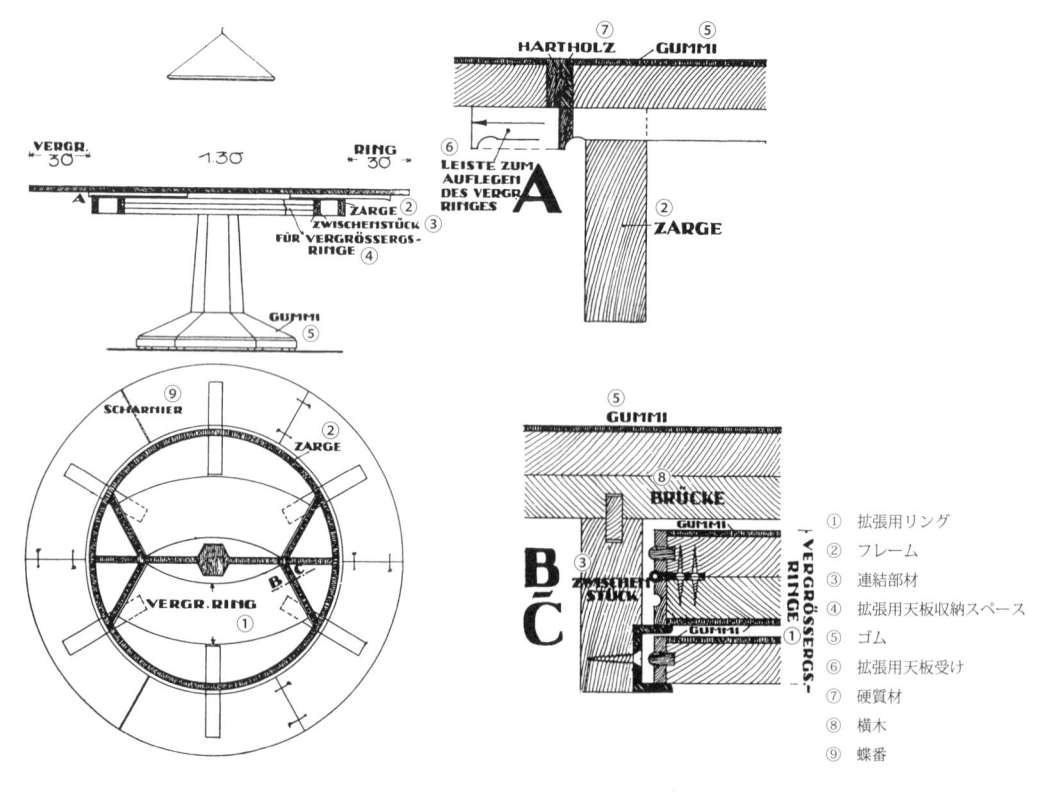

① 拡張用リング
② フレーム
③ 連結部材
④ 拡張用天板収納スペース
⑤ ゴム
⑥ 拡張用天板受け
⑦ 硬質材
⑧ 横木
⑨ 蝶番

居間の食卓

被覆された食卓

居間　拡張された状態の食卓

　色彩や素材に関わる説明だけでは、果たして読者諸君がこの家の空間を想起できるかどうか疑わしいところだろうが、それでも強いて言うなれば、こうした説明は、度々恣意的であると誤解されている新しい彩色法をその規則性に則して解説できるという点でも、また、そうして好ましくない塗色法を回避するという点でも意味を成すのではなかろうか。残念なことだが、従前、私の提示した配色法はあまりに刺激的なためか、正当に評価されないことが少なからず見られたのである。
　今、ここでは、全体に寒色系である1階の小部屋には青と明るい黄色が施され、ここに朝日や正午の陽が注ぎ込み、また大きな広間のような暖色の居間には、午後から夕方の陽が入り込むという空間を思い浮かべて頂きたい。

居間　食卓用照明

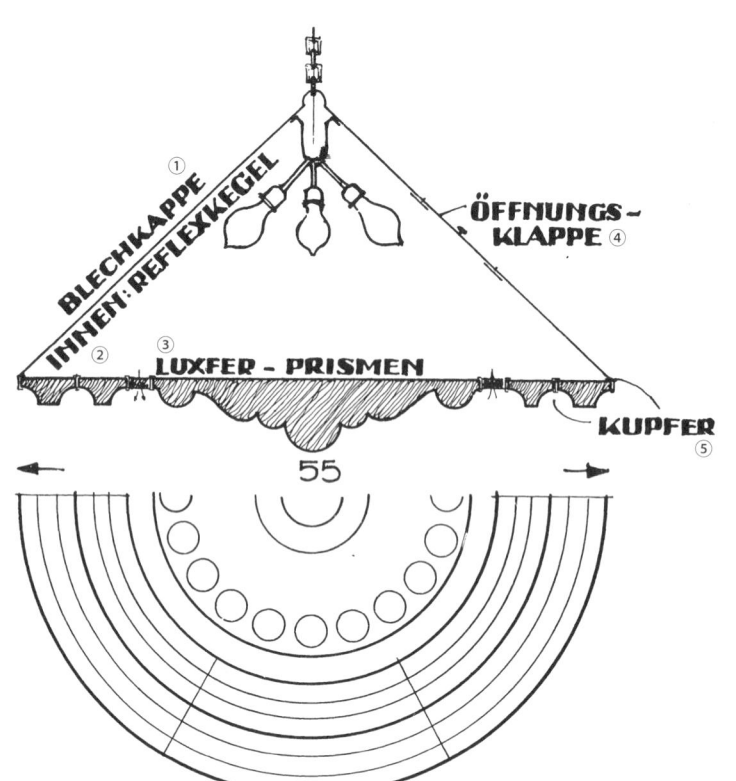

① 金属製ランプシェード
② 内側：円錐形状の反射板
③ ルックスファー・プリズム
④ 開閉用蓋
⑤ 銅材

明かりに照らされた食卓

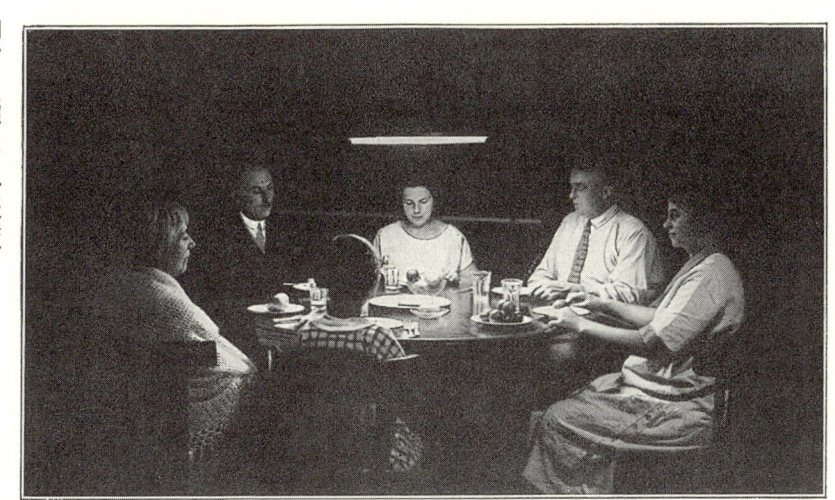

　そして、この六角形をした居間の片側には、黒いゴム貼りの天板付きで、覆いが掛けられようとなかろうと常に本来の状態を保つ食卓テーブルがあるのだ。これは普段は7〜8人用だが、拡張させると15人用となり、それでもリング状の拡張用天板（不使用時には天板の下に収納される）によって拡張前と同じ外観の印象を保っている。
　机の脚には、我々の足を載せることができるよう、やはり黒いゴムを敷いてある。
　机の上に掛けられた照明器具は、光線を円錐状に拡散させるために黒く塗装

59

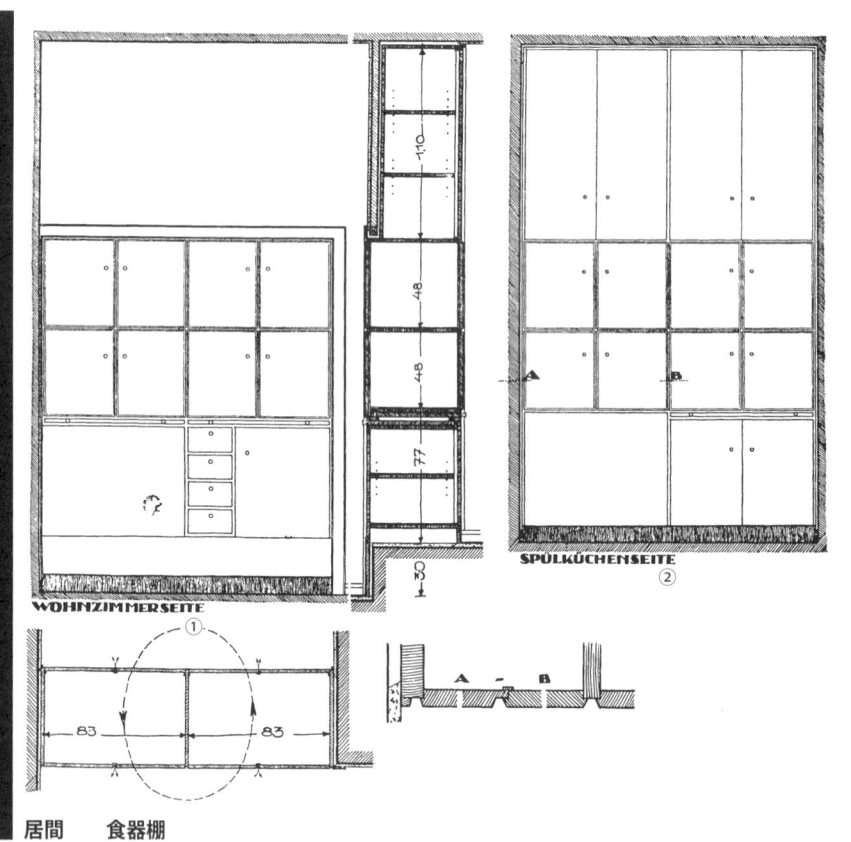

通常の状態の食卓と食器棚を使用している様子

WOHNZIMMERSEITE

SPÜLKÜCHENSEITE

① 居間側
② 洗い場側

居間　食器棚

洗い場

シンクおよび食器棚を利用しているところ

された円錐の形をしている。とは言っても、この円錐形は光の効果に強く影響することはなく、むしろその光はルックスファー・プリズムによって非常に緩やかに闇のなかへと消滅していく。同時に、机の上では白いナプキンが眩しく光らない程度の輝度で照らされているのだ。この光線自体はガラスの中ではきらきらと輝いているにも拘わらず、眩しい感じを与えることがない上、照度も、擦りガラスもしくは布地を貼り付けた場合のようには目立った減衰を見ない（ルックスファー・プリズム有限会社製、ベルリン、ヴァイセンゼー）。

　黒色の食卓天板の上では対照的に皿、グラス、ナイフ・フォーク類が輝きを

台所脇の廊下から見た掃除用具入れ

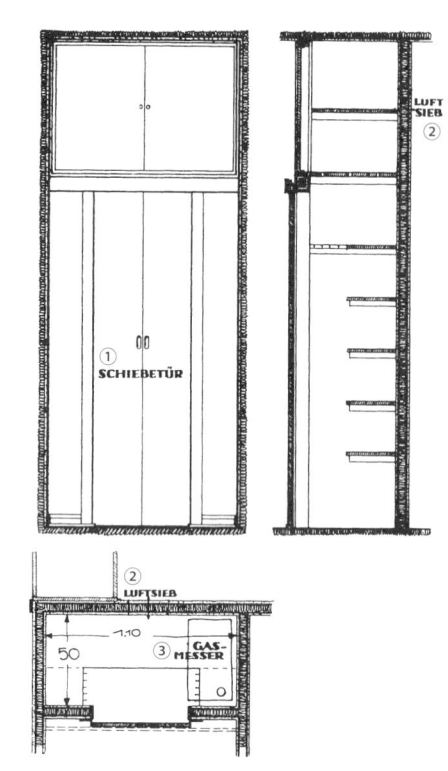

台所と居間を繋ぐ廊下にある掃除用具入れ

① 引き戸
② 通気フィルター
③ ガスメーター

レンジから居間への経路

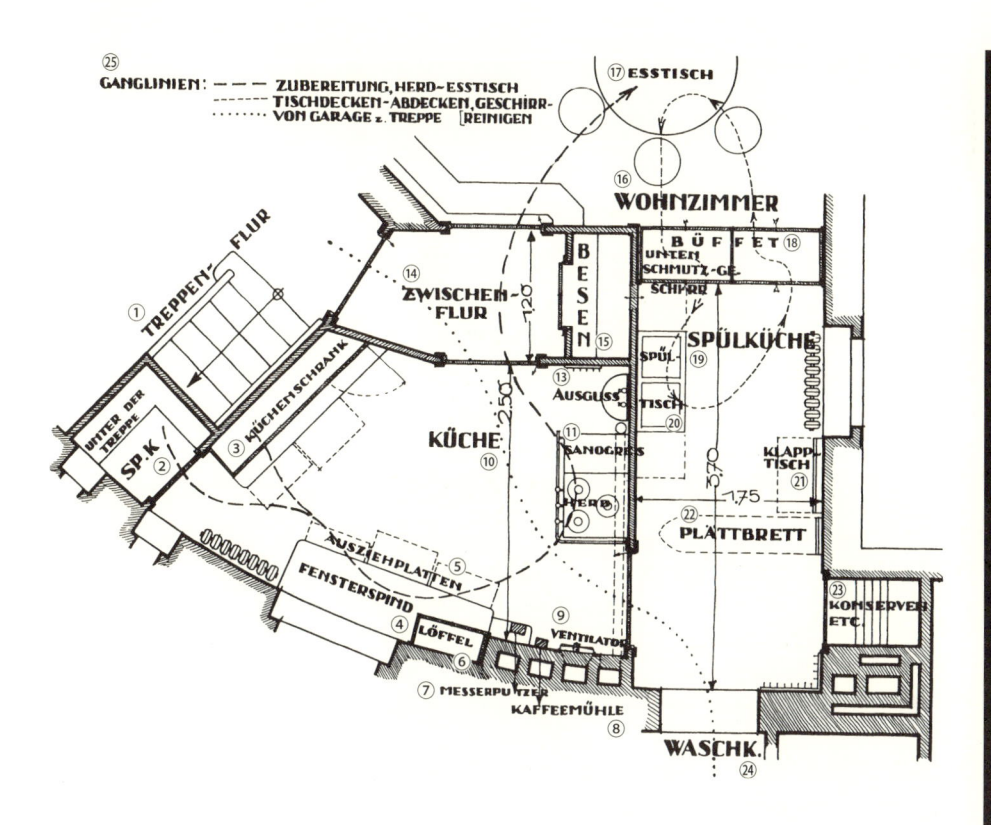

① 階段室──廊下
② 食料品貯蔵庫
③ 台所用戸棚
④ 窓辺の小戸棚
⑤ スライド式テーブル
⑥ 調理用スプーン
⑦ ナイフ研ぎ
⑧ コーヒー挽き器
⑨ 換気装置
⑩ 台所
⑪ ザノグレス
⑫ ガス台
⑬ 流し
⑭ 中間廊下
⑮ 清掃用具
⑯ 居間
⑰ 食卓
⑱ 食器棚（下部には洗浄前の食器）
⑲ 洗い場
⑳ 流し台
㉑ 折り畳み式机
㉒ アイロン台
㉓ 瓶詰めなど
㉔ 洗濯室
㉕ 動線：(上から順に)調理、レンジ～食卓／配膳～後片付け、食器洗浄／ガレージから階段まで

台所，流し，廊下

見せている。ここでは、「テーブルクロス」についてこれ以上触れることはそもそもあり得ない。何しろテーブルクロスそのものが存在しないのである。また、必要な皿類は、机の傍、壁に造り付けた食器棚の左側に手を伸ばせば、移動せずとも取り出せるので、食器を出し入れする際の厭わしい手間もないのだ。机の上を「片付ける」際にも、ただの一歩たりとも動く必要はない。食器は、食事が終わった後、食器棚の今度は右側に入れればよいのである。この棚の裏側には洗い場があり、しかも流し台が棚の直ぐ間近にあるため、食器は流し台で洗浄した先から食卓を片付けた際に一旦収めていた同じ棚へと直接収納することができる。これぞ考えに考え抜かれた最短の経路なのだ！

　食卓で主婦の座る場所の右下に棚を設け、この位置から彼女が立ち上がることなく、なおあれこれと必要とする物を適宜取り出すことができるようにした。例えば清潔なナプキンの替え、ナイフ・フォーク類、スプーンなども異なる4色（黒・青・赤・灰色）が施された引出しに揃っており、また着座した位置から手を伸ばせば手前に引き出せる甲板も2枚ある。洗い場側では、棚のその他の部分を台所用の手拭いを入れておくために充て、また引出しも備えている。

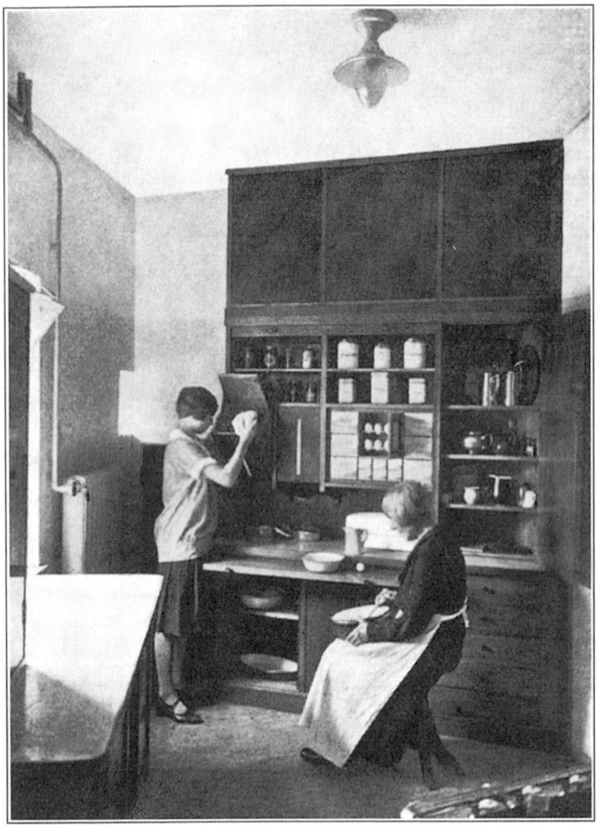

台所の棚を使用しているところ

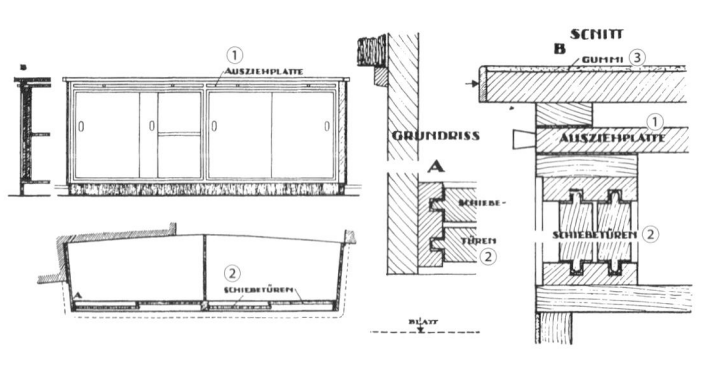

台所　窓下の棚

① スライド式テーブル
② 引き戸
③ ゴム

台所　レンジ、換気扇、窓際の机

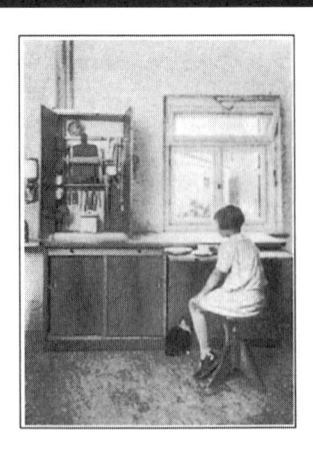

台所　窓辺の棚とスプーン用収納を使用しているところ

棚　閉じた状態

64

① 小麦粉
② 砂糖
③ 調味料、卵など
④ 外観
⑤ 平面
⑥ 断面
⑦ 内観

台所　窓辺の棚上にあるスプーン用収納

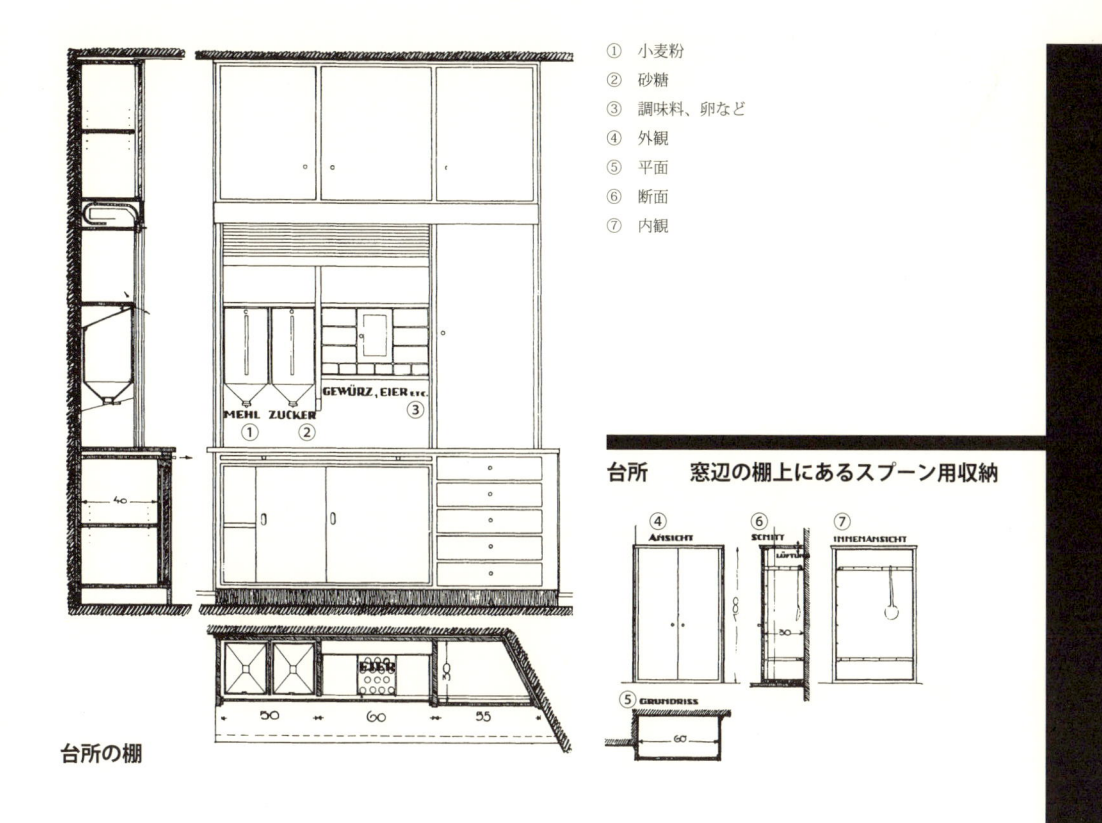

台所の棚

　食事はレンジから食卓まで僅かに5歩で到達する距離を運ばれることになるのだが、それにもかかわらず、台所と食事室との間には隙間を利用して小さな収納空間を設けている。その引き戸を開けると、1階用の清掃用具、ガスメーター、エプロンが並び、さらにその上部は下がり天井になっており、ここには空き箱なども入れられる上、通気フィルターも装備済みである。台所の左手、レンジの傍には、ニッケル製蛇口およびバケツや鍋を置けるようなフィルターの付いた流し（温・冷水用）を設ける。この台所は、これ以上に縮小できない規模でありながら、しかし同時に機能上の順序に則って、必要となる様々な設備を滞りなく備えているのである。
　では順次、レンジから見ていこう。これ自体は大きなフライパンや鍋を載せ易いよう、3穴（3つであり4穴ではない）のガスレンジであり、ここには一般的な二口式の石炭燃焼装置、およびその上部には、あまり注目されていない非ガス燃焼装置である「ザノグレス」も装備されている。
　これは閉じられたオーブン内で炙ったり、瓶詰めを作ったり、外部から温度計に注意していなければならない物を煮たり焼いたりするのに適した装置である。「世の連中は脂っこく炙るが、我々はさっぱりと炙る。――大抵は魚を水煮するが、我々は水を使わずとも調理できる。――台所でいい匂いがするようだと料理の出来は駄目だ」というのが、これを開発した発明者の粋な趣旨であ

洗い場にあるアイロン台

アイロン台使用時の洗い場

① 衣服を全体に被せることのできる甲板
② 自動的に滑り出し、固定される脚
③ 支柱
④ スライドレール
⑤ アイロン台止め金
⑥ アイロン置き

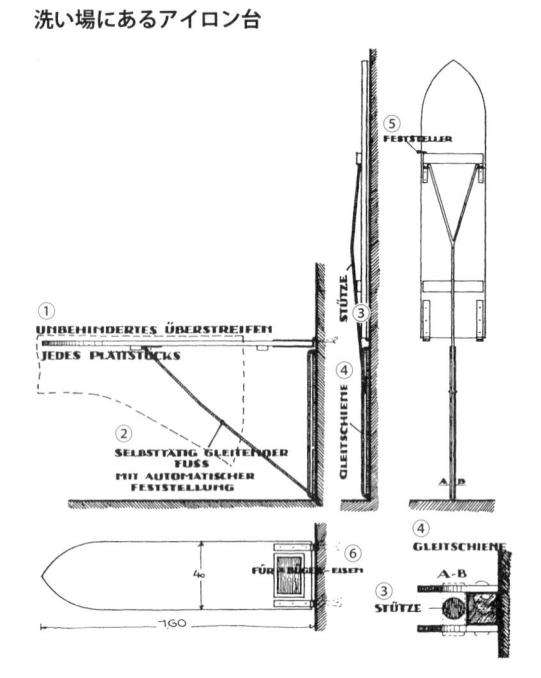

る。それでも、焼きジャガイモやポテトパンケーキなどを焼く際には、匂いの拡がりを防ぎようがないので、瞬時にして屋上へと臭気を導き、周辺へと拡散させるよう、通常の排気口の位置に電動式換気扇を取り付けてある。

　主婦は調理中、レンジの傍で調理道具を掴んでいなければならないので、先ず余計な動作を省くことが求められる。そこで、レンジの反対側、十分に高さがあって誰でも取り易い位置に可愛らしい収納棚を設置し、ここから主婦が、調理用スプーン（普段これは埃だらけのまま使われるか、その都度洗浄しなければならない）、鍋の蓋、塩、玉葱、そして小さな調理道具などを取り出すことができるようにする。まさに「つくり手としての女性！」なのだ。かかる小さな収納棚は、灰色のゴムを敷いた窓辺の机の上に位置し、この机はまた、２つの引き出し式甲板を使って拡張させることが可能だ。その下には引き戸付きの戸棚もある。

　さらにその右手を行くと、覗き窓の傍、階段下に小さな食料品貯蔵庫を、さらに右手には台所用戸棚を設置する。戸棚の主要な部分には巻き上げ式シャッターが付き、比較的高価な品々はここに収納される。それは先ず第一に、サイロ型小麦・砂糖容器で、アメリカの製品を範に製作された。中身を上から静かに注いでおき、使用する際には下にニッケル製の容器をあて、好みの分量だけ取り出すことができるようになっている（残量は細長いガラス部分を通して表示さ

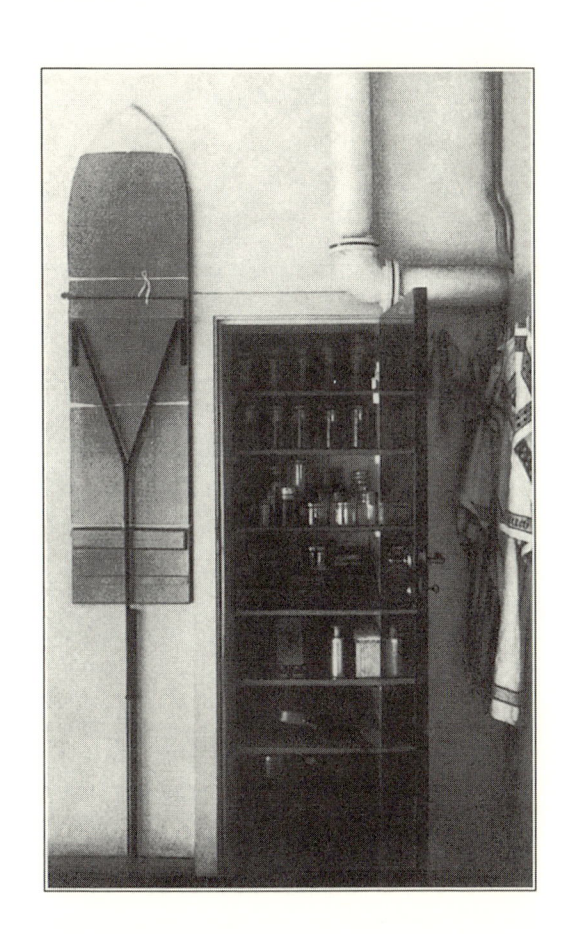

洗い場

畳まれた状態のアイロン台
貯蔵用戸棚を開けたところ

貯蔵室

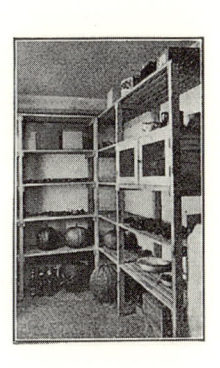

蛇口つき流し台

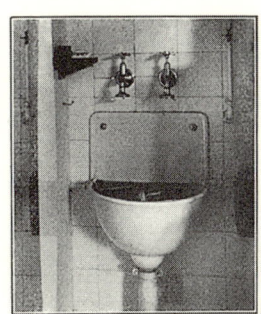

れる)。さらには、輸入食料品や卵を入れる陶器製の引出しが付いた造り付けの木製棚があり、それから紅茶・コーヒー・ココアを入れる棚、別の棚には日常消費するジャムを、さらには、コーヒー・紅茶の缶など、全て台所において使われる容器を収納する。

　また、その下部には引き戸式の棚、その上部には２つのスライド式テーブルがある。ここに置かれる回転椅子は、エルナ・マイヤー博士[(9)]の推奨する座面高さに調整済みである。照明は反射板付きで、この小さな部屋を均一に照らす擦りガラス製照明器具である。

　この台所では原則的に、一切の物が何らかの形でいずれかの場所に収納されるようになっており、従って道具を使用していない時には、常に整頓された状態を維持できるのである。その設備は純粋に合目的性に基づいているのだ。しかしながら、いや、おそらくだからこそ台所は「寛いだ」（ゲミュートリッヒ）印象——カーテンなど無くとも！——を生み出すのであって、これでもう子供達が食事時に駄々をこねるようなこともあるまい。この点で、台所がこの家の中で最も成功した領域であるという、ある米国人教授の評価を軽視してはならない。

　レンジのすぐ傍には洗い場への扉があり、この部屋には、先に解説した食器戸棚、流し台、家全体をカバーするユンカース社製温水供給器[(10)]、下方へ折り畳むことが可能なアイロン台、ならびに一時的な置き場となる小さな机がある。残念なことだが、ドイツに暮らす我々はこの台のような設備を既製品のまま購入することができず、その都度設計し、個別に制作しなければならない。

　さて、その傍には小さな物置を１つ設け、ここにはアイロン（ビルカ温度調節器付き）や鍵を吊るすボードを収納する他、主に瓶詰めをしまっておく。この棚板は下方へといくほど棚幅を広げてある。

　この部屋は1.75メートル幅という、なし得る限りの最小寸法を採用している。ここから１つ扉を開け、３段の階段を下がると直接洗濯場に出ることができ、さらに家事用の諸室、庭の傍らの勝手口、ガレージへと至るのだ。

8.

石鹸からベンジンまで

① 煮沸用洗濯釜
② 遠心分離脱水機
③ 洗濯槽
④ ローラー
⑤ 排水溝
⑥ 洗濯前の衣類
⑦ 流し
⑧ 階段
⑨ 洗い場
⑩ 窓
⑪ 家事用廊下
⑫ 蓋
⑬ 通気孔
⑭ 洗濯前の衣類（小）

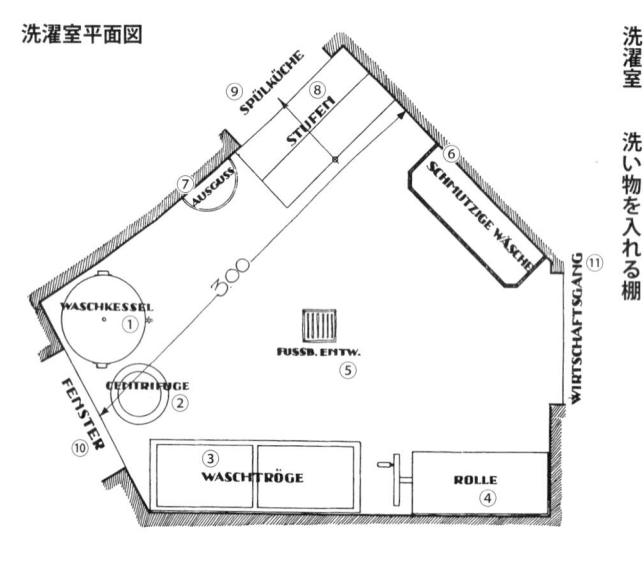

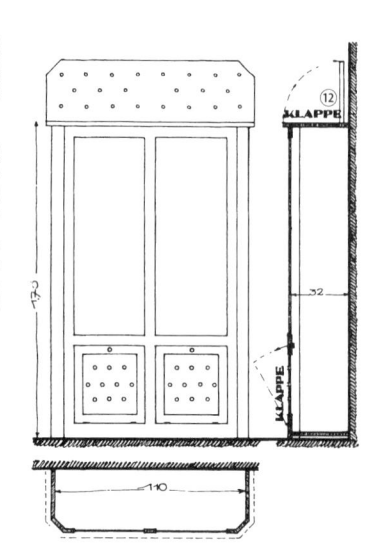

洗濯室平面図

洗濯室　洗い物を入れる棚

洗濯室　洗濯台の下にある洗い物を入れる箱

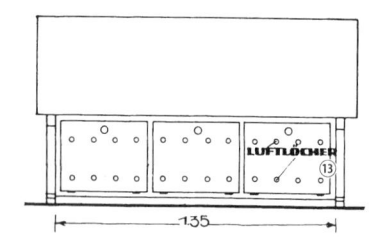

洗濯室　洗濯ローラー

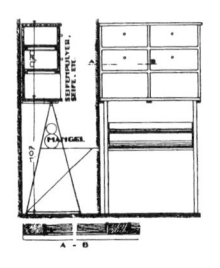

石鹸からベンジンまで

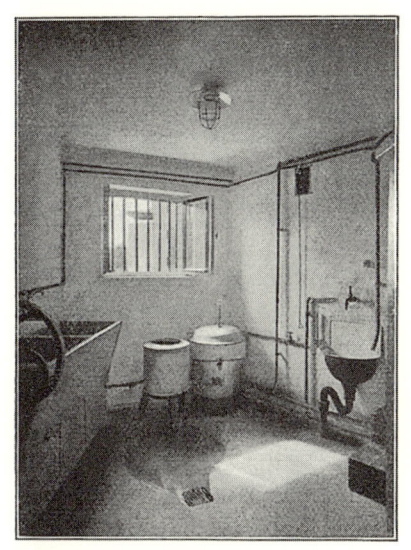

洗濯室
ボイラー、遠心分離脱水機、
洗濯物を洗剤に浸すための台

洗濯室
ローラー、洗濯前の衣類を入れる棚

　一般に洗濯室というと、その空間自体があまりに狭いため、女性たちがあたかも壁職人が壁を構築するように壁面を物で埋め尽くし、信じ難い程の酷い乱雑ぶりを呈するのが常であった。この家では反対に、各々の壁面は何らかの機械・装置が付くことで有効に活用され、結果として2つの扉のある部分のみが僅かに空いているという空間的条件にも拘わらず、女性は十分に作業をこなすことができるのである。排水口、ガス給湯洗濯機、水圧式遠心分離脱水機、温・冷水用蛇口の2つに区切られた洗濯槽、その下には小さな汚れ物（ハンカチ・ストッキングなど）を入れる3つの棚があり、さらには3本の円筒と回転する布の付いた手回しハンドル、その上方にはこの部屋で必要な固形石鹸、粉石鹸、靴磨き用具などを保管するための引出しがある。2枚の扉に挟まれた壁面には通気性のある大きな汚れ物用収納を置き、この上部から洗濯前の衣類を放り込み、下部から取り出せるようになっている。

　さらにこの部屋から家事作業用廊下へと抜ける引き戸を通ると、そこには暖房用ボイラー、その傍らにコークスを貯めて置く場所（外に停めた石炭運搬車か

暖房用ボイラー

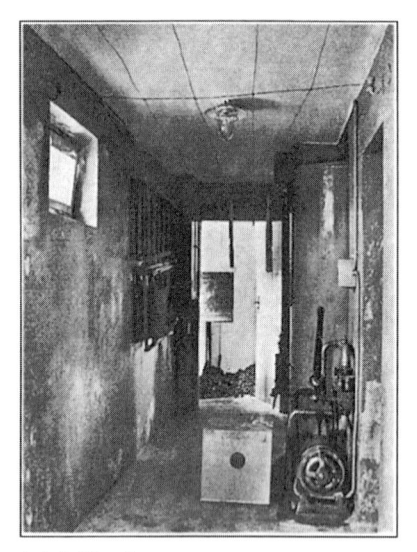

家事作業用廊下
給水装置、ジャガイモ貯蔵庫

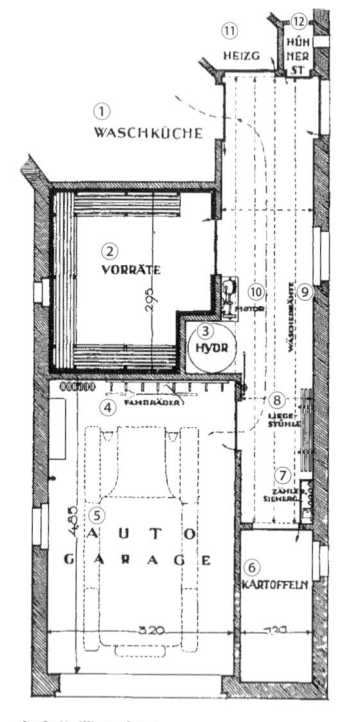

家事作業用廊下
貯蔵室、車庫、ジャガイモ貯蔵庫

① 洗濯室
② 貯蔵室
③ 給水装置
④ 自転車
⑤ 車庫
⑥ ジャガイモ貯蔵庫
⑦ メーター
⑧ 折り畳み式寝椅子
⑨ 物干し用針金
⑩ モーター
⑪ ボイラー室
⑫ 鶏舎
⑬ 平面図
⑭ 断面図
⑮ 家事用廊下
⑯ 外
⑰ 卵入れ
⑱ 出入り用ハッチ
⑲ 鶏用梯子
⑳ 家事用廊下側開閉扉
㉑ 木

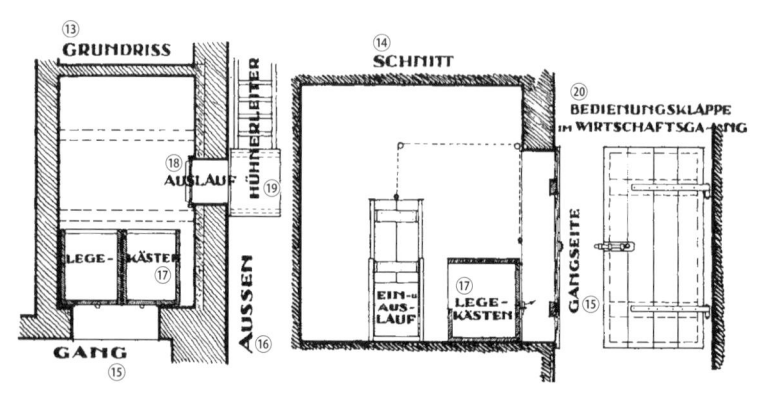

ボイラー室傍の鶏舎（家事作業用廊下）

ら直接投げ入れることができる)がある。ここには窓もあるので日中は常に明るい。その横には壁の中ほどの高さに小さな鶏舎を設け、鶏が通るハッチ扉を家事作業用廊下側から開閉させることのできる開口部も開けられる。

　次に右側へと目を向けると、至って汎用な棚が並ぶ独立型の貯蔵室があり——これは言うなれば地下貯蔵室のようなものだ——、それから、廊下の突き当り方向には、外部から直接搬入できるようにしたジャガイモ貯蔵庫が、そして最後に小さなガレージへと通ずる自動閉戸式の鉄製扉があり、そのガレージ内には自動車の他、庭仕事用の道具、自転車、手作業用の道具が最小限の寸法から考え出された配置に従って収納されている。

　この家事作業用廊下は乾燥室としても機能し、頭上には延長でおよそ40メートルある針金が張られ、そこに洗濯物を干すことができる。またこの廊下には、この家の水を供給する大元である電気モーター付き給水装置を備える。モーターで井戸から水を汲み上げ、これを強力な空気圧によって全室に供給するというもので、この装置内の空気圧が低下すると、自動的にモーターが作動する仕組みである。

　敷地には、公共上水道と同様、下水道管設備も無い為、下水は1階床下に収められた直線的な網の中に纏まって流れ、そこから固形成分を除去し、発酵・

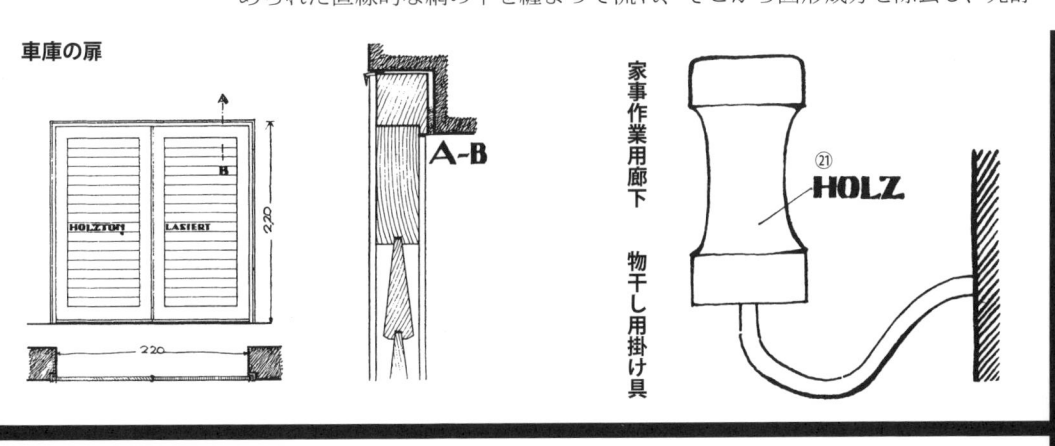

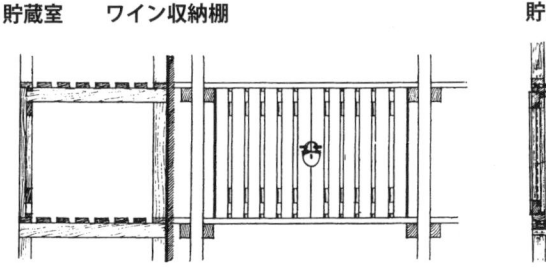

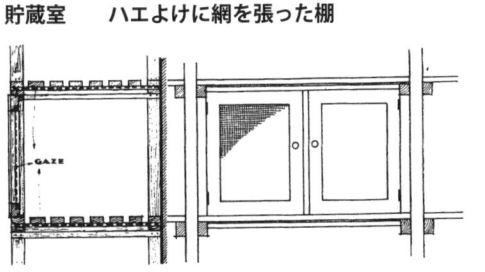

車庫の扉

家事作業用廊下　物干し用掛け具

貯蔵室　ワイン収納棚

貯蔵室　ハエよけに網を張った棚

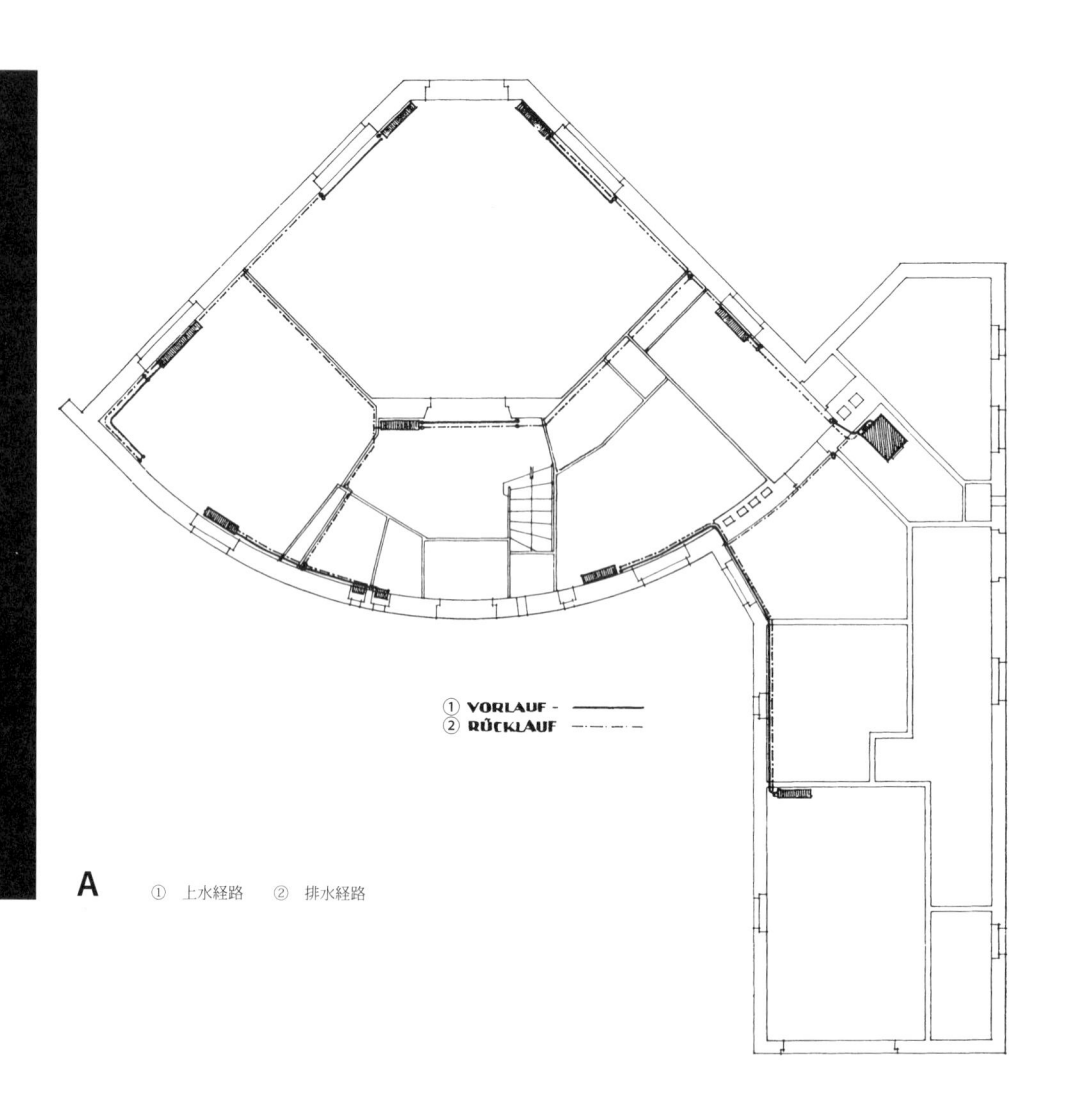

① VORLAUF ———
② RÜCKLAUF ----

A ① 上水経路 ② 排水経路

暖房システム

A：1階

B：2階

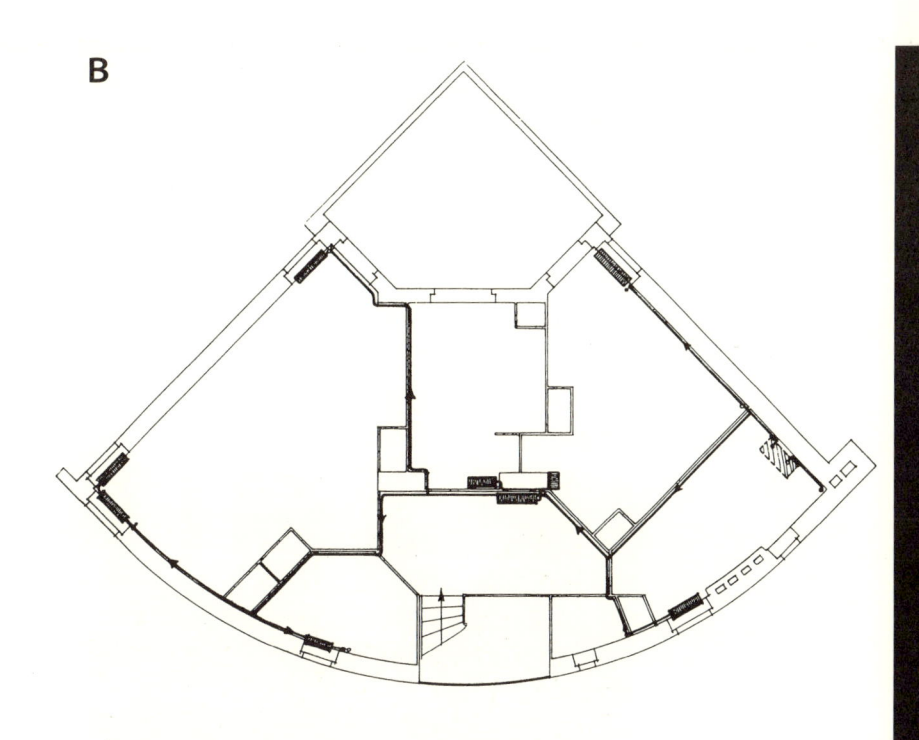

1階の配管図

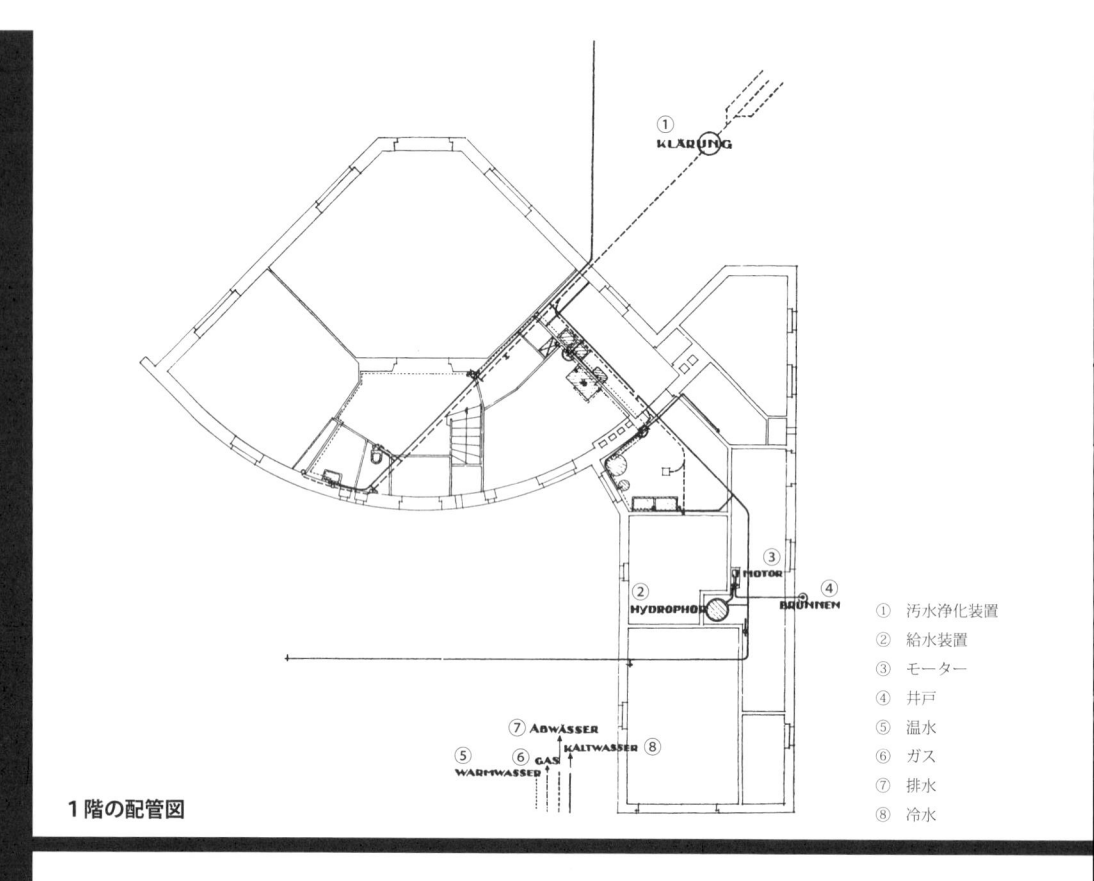

① 汚水浄化装置
② 給水装置
③ モーター
④ 井戸
⑤ 温水
⑥ ガス
⑦ 排水
⑧ 冷水

放鶏場

ごみ用サイロ

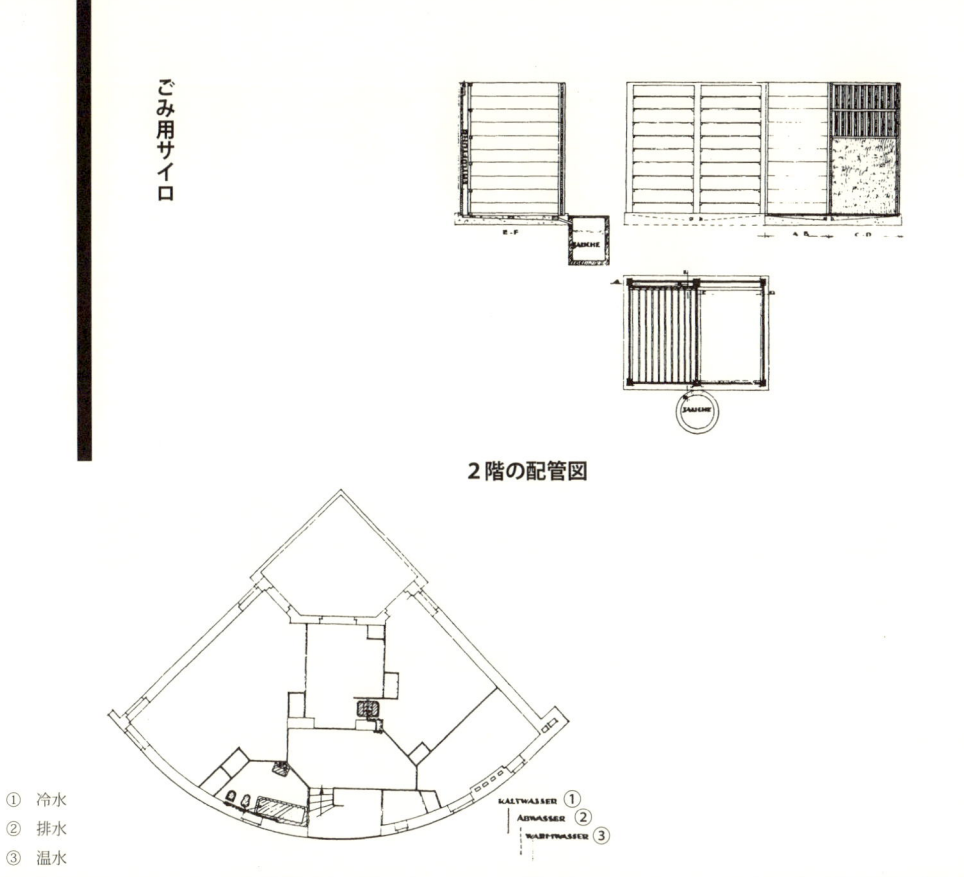

2階の配管図

① 冷水
② 排水
③ 温水

77

放鶏場

分解する濾過器へと通ずる。浄化後の下水は簡便な排水管を通り、庭へと排水され、ここで地中に浸透し切れない場合には、より遠方の湿原へと更に伸びる排水管を通って流されるようになっている。

　サービスヤードは隣家に接するため、その間は白と緑色（Y．U）に塗られた木製の壁で仕切ることとした。また庭との境には、犬小屋の傍らに、家庭ゴミを発酵させ堆肥として利用できるようにする、ヴォルプスヴェーデ入植者学校の「発酵所」と自称するところのゴミ用サイロがある。
[11]

　以上、今この書をご覧になっている女性諸君には、一連の事柄が持つ家政上の機能について、図版や写真を通して明解にお分かり頂けたのではないだろうか。要するに、空間を最小限に抑えることや材料に関わる出費の抑制、ならびに仕事やストレスを極力削減することが、何も声高に強調される必要などないのだ。そのようなことは予算的事情の如何によって決まるのであるから、我々は理性的な手法を採り、合理的にして経営的感覚をも取り入れた構想として進めていく他ないのである。

9. ガラスの建築

ガラスは我々の新時代を切り拓く
レンガの文化は我々をうんざりさせるだけだ

パウル・シェーアバルトの言葉
1914年、ケルン・ガラスの家にて

室内から見たガラスブロックの屋根

ガラスの建築

庭側からとらえた拡大図

　バルコニーを蔽っている屋根部分の写真を見て頂きたい。コンクリートで填め込まれているのは、ガラスブロック（プリズム）である。こうしたガラスブロックは、駅のプラットホーム用に使われていることで知られているであろう。このバルコニーの屋根部分は、場合によって階の増設が必要な際には、3階バルコニーの床面に充当できるよう考えられている。
　写真には透過する反射光が見られるが、その光景を我々は想像力（ファンタズィー）を働かせながら熟視しなければならない。すると、自然界が我々にもたらす感銘の情はまた、それが我々の眼前から離れた場でさえ享受し得るようになるのである。天空の青、麗らかな太陽の輝き、そして何よりも月の明かり。これらは、光線の具合によって千変万化を繰り返す光の反射の中で、ガラス全面に降り注がれる一欠片のロマン主義を表出するものと言え、しかし、だからといって古い手工業的なそれではなく、現代的工業精神に依拠するものなのである。ここでは

81

中央の寝室から見たガラスブロック壁

バルコニーから見たバルコニーへの扉

ガラスの壁と照明器具を上階から見下ろす

雰囲気や風景が、対峙する何らかの要素によって増し加えられる効果を得、まさにそのことで、この対立要素は現代の産業生産品でありながら、自然の一部分とさえなっているのだ。

　バルコニーの先端に立ち、開いた扉越しに中央寝室の先に目を遣ると、例のガラス天井に填め込まれているのと同様、階段のガラス壁が燦然とした輝きを放っている。このガラスブロックの壁は、内においても外においても階段と完全に融合し、またそれは、階段、壁、天井との一体的な関係性の中に置かれるのである。この踊り場には、座れる程の高さに白ガラスのタイルを張り巡らしてある。午前の陽光はこの場所に最も強く注ぎ込み、数多の光の屈折が作用し

83

道路側　　日没後、照明を点灯させた状態で撮影

ながら、光はその輪郭や影を落とすこともなく、愈々強さを増しながら現出してくる。光の彩なす和音はここに最も力強く鳴り響き、2階の廊下や寝室に日溜りを形成する。寝室の扉が開いていれば、光の熱はそこから拡がり、同時に階下の居間に至るまでガラス扉を通して達せられる。そのため、そもそも居間の開口部は全て、涼しく、陰を作る庭の緑の方へ向いているにも関わらず、朝

2階廊下

の時間帯には太陽光が居間の背後の壁面を通ってこの空間へ入り込んでくるのである。

　従ってガラスの壁は気候に左右されることもなく、またカーテンなどを用いてガラスの温度上昇を抑制したり、室内の過度の露出に配慮する手間も掛からず、この家を形づくる構成要素のひとつとなっている。

　こうした方法により、階段はこの家の1階、2階部分を結び付ける真の要素となり、上下階を分かち難く一体化させているのである。

　ガラスの壁によって、この階段の質が高められており、また我々が階段を上がる際の労力をも軽減させている。夜などは、室内側の照明を敢えて点灯させなければ、月の光も朝の陽光と同様に階段から家全体へと拡散し、これによってガラスの壁は、全く以って銀色に輝く絨毯を見るかの如く我々を一層魅了するのである。内部だけではない。外に向けてもこのガラスの壁は特筆すべき力を備えている。黒く塗られたアーチ型の外壁は、世間では色々と物議を醸すもとになっているのだが、この問題とて、夕刻、階段の明かりが灯されるや消えてなくなるのだ。照明装置そのものは周囲にルックスファー・プリズムをめぐらせた僅か1個の電球で、これだけでも光を拡散させているのだが、ガラスブロックの壁がこの効果を強め、壁自身が完全に輝き、この家の前庭や通りに

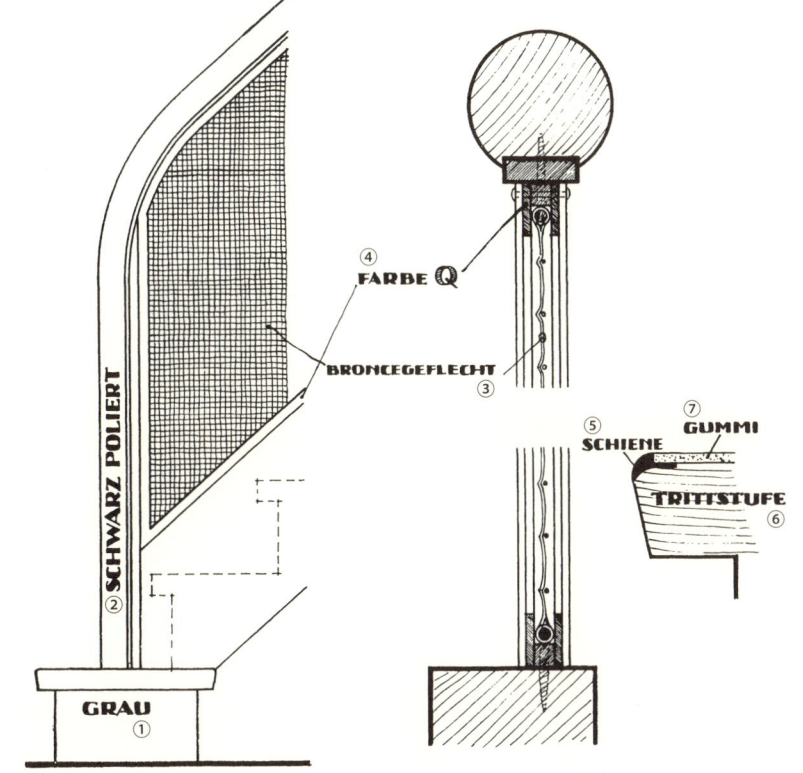

階段の手摺　最下段部分の詳細

① 灰色
② 黒い手摺棒
③ 青銅製金網
④ 色彩
⑤ 滑り止め金具
⑥ 踏み段
⑦ ゴム

至るまでを明るくするのである。この建物の良き理解者の一人は、輝く黒色の壁の表面を、ひとつの「黒きダイアモンド」のようだと評したが、それはまさに言い得て妙なのである。

　そもそも、このガラス素材が今頃になって漸く建築材料として住宅建築の中で登場したとは驚くべきことなのだ。このガラス材には、考え抜かれたこの上なく繊細で上品な魅力が宿っている。無論、そうした魅力が引き出されるには条件もあり、それは無意味な装飾で煩わされてはならないのである。

　従って、階段室内の全ての壁、天井は純白（**U**）とし、ガラス面にある室内側の細い柱のみ、淡青色（**H**）を施すことにした。階段の手摺もまた形態の使用を最小限に抑えてある。信号の赤色（**Q**）に塗られた細い鉄製の手摺子枠内に青銅製の金網を張り、手摺棒は黒の光沢仕上げである。上階では、同様に信号の赤色に塗られた暖房用配管が唯一の強いアクセントとして顕現するのである。それは、まさにこの家の温かい毛細血管を表出しているかのようだ。2階の扉は、他のあらゆる合板扉と同様に自然な色調を保ちつつ、黒色の被覆で囲まれている（踏み面や床は明るい灰色のゴムで、1階のそれはゾルンホーファー板である）。

10.

寝　室

中央の寝室　洗面台のあるニッチ

寝室

中央寝室よりバルコニー方向を見る　左手には畳まれた状態の折畳机

　階段のガラス壁によって、光を家全体へと拡散させる場、また同時に、気候の移り変わる気配を最も敏感に感受できる場を創出することができた。次に、その反対側の寝室群へと目を遣ると、こちら側には各部屋の中心的要素となるバルコニーがある。このバルコニーにはガラスブロックの屋根が掛けられているが、それによって寝室の採光が妨げられるようなことはなく、むしろ眺望の美しい自然や新鮮な外気を直に、心ゆくまで味わうことのできる開放的な空間に仕上がっている。このバルコニーは3つの寝室の結節点であり、各部屋にある、ガラスの嵌った3つの観音扉を開けて出ることができる。バルコニーは風向きに応じて雨の浸入を防ぎ、同時に空気浴・日光浴を愉しむ空間を提供

仕事部屋側から見た中央寝室

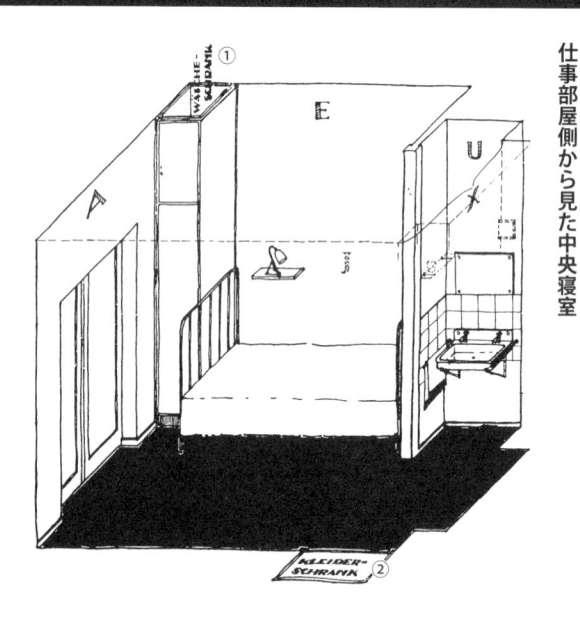

中央寝室の戸棚

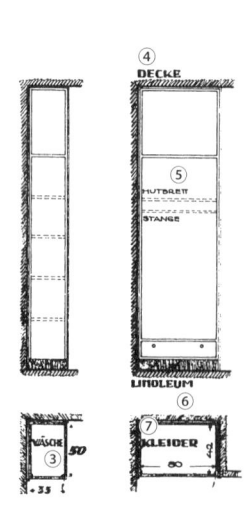

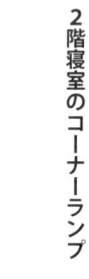

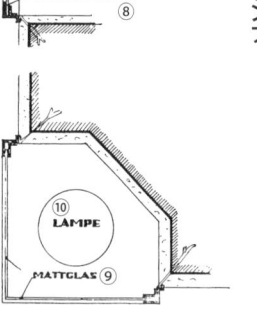

2階寝室のコーナーランプ

中央寝室よりバルコニー方向を見る
折畳机をはね上げた状態

① 下着用箪笥
② 衣服用箪笥
③ 下着
④ 天井
⑤ 帽子置きとハンガー棒
⑥ リノリウム
⑦ 衣服
⑧ 真鍮製フレーム
⑨ 磨りガラス板
⑩ 電球

折畳机

中央寝室の平面図

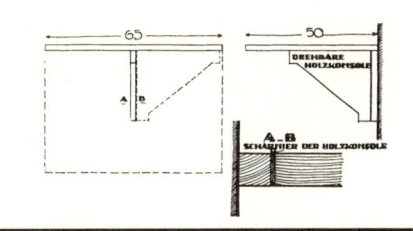

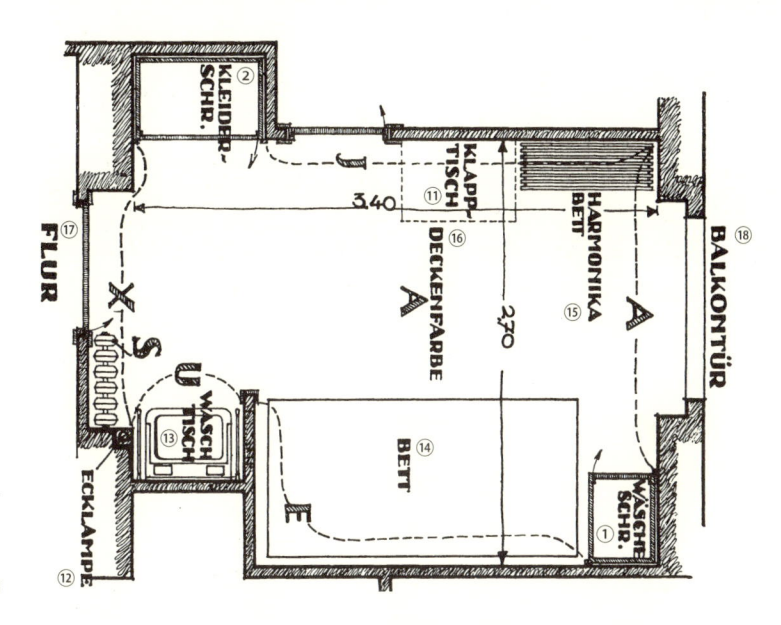

⑪ 折り畳み式机
⑫ コーナーランプ
⑬ 洗面台
⑭ ベッド
⑮ 折り畳み式ベッド
⑯ 天井色彩
⑰ 廊下
⑱ バルコニーへの扉

する（ここもゴム貼り床である）。また45度の角度で振りながら扉が配置されていることで、3つの寝室各々に直射日光が注ぎ込み、午後の光は北西に位置した部屋にも注がれるのである。

　この家の階段から生まれる上昇感を伴う空間的な流れは、中央小寝室の扉口へと滑らかに行き着き、ここで、住宅軸に沿った視線の方向をバルコニーの先端、さらには、遥か先に広がる草原、林へと導いている軸線上に合流するのである。この中央の小寝室は、センチメートル単位の空間尺度で極めて精緻に造作されているという点で、ひとつの規範的な室内構成を形成していると言って差し支えない。

　室内を概観すると、先ずランプ、時計などを置ける小さな壁棚のあるベッド用ニッチ、その左手には下着の幅から大きさが算出された下着用箪笥、またその右手には、ガラス鏡板をちょうどよい高さで脇に填めてある洗面台用ニッチ。磨りガラス板をカバーとするコーナーランプは、この洗面台を照らすと同時に、洋服箪笥を開けた際に、扉の内側にある鏡に写る像がよく見えるように設置さ

91

右側の寝室　洗面台のあるニッチ　　　　　右側の寝室　窓と扉

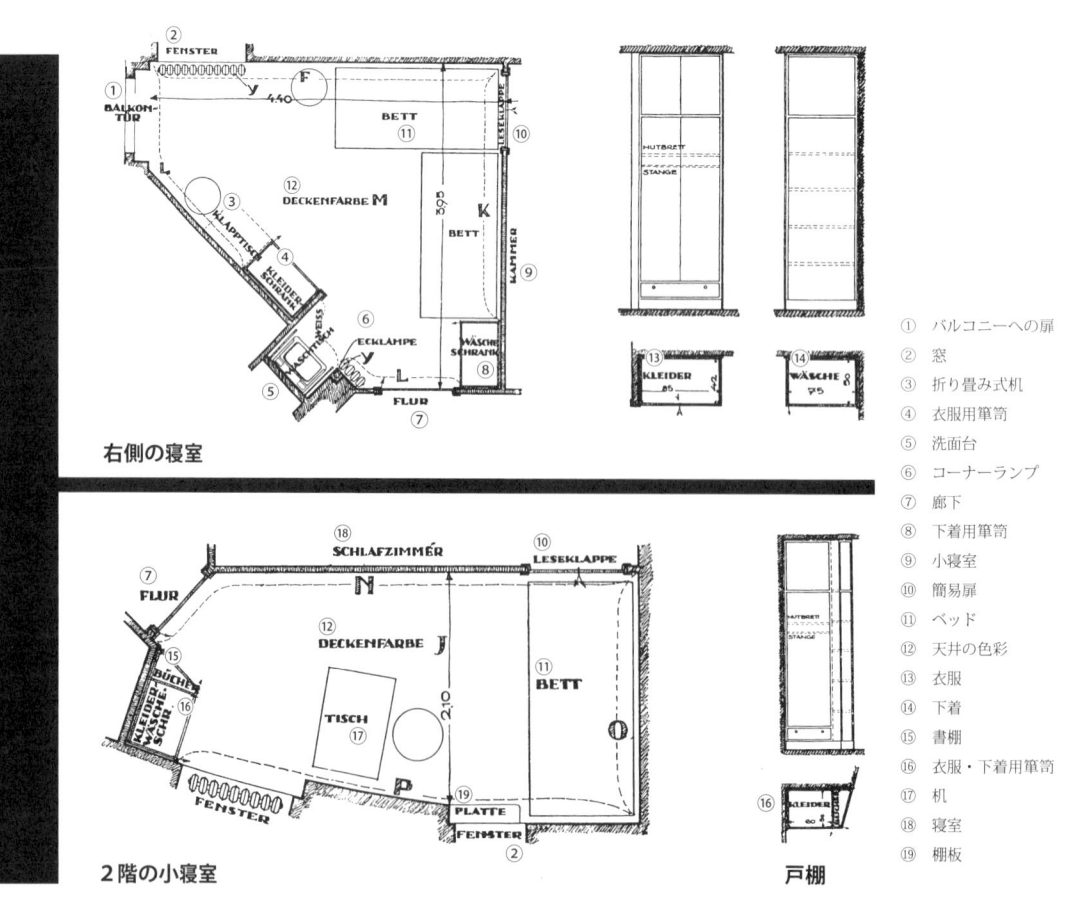

右側の寝室

2階の小寝室

戸棚

① バルコニーへの扉
② 窓
③ 折り畳み式机
④ 衣服用箪笥
⑤ 洗面台
⑥ コーナーランプ
⑦ 廊下
⑧ 下着用箪笥
⑨ 小寝室
⑩ 簡易扉
⑪ ベッド
⑫ 天井の色彩
⑬ 衣服
⑭ 下着
⑮ 書棚
⑯ 衣服・下着用箪笥
⑰ 机
⑱ 寝室
⑲ 棚板

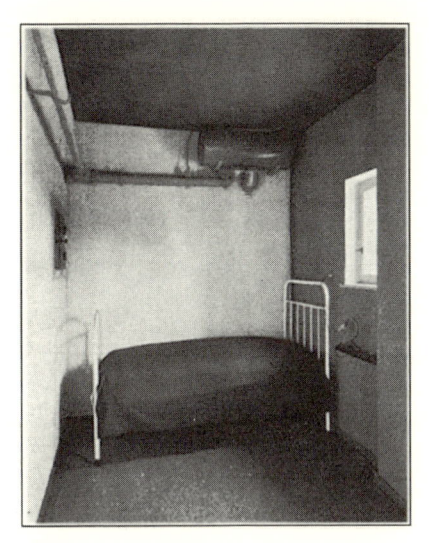

小寝室　ベッド側 　　　　　　　　　小寝室　棚側

れている。扉と洗面台との間には暖房器具、さらに大きな寝室へと通ずる小さな扉の脇には折畳机、さらにバルコニーで横臥するために用いる折畳式ベッドを置くスペースがある。

　この部屋の色彩構成は以下のようである。タイル張りの洗面台用ニッチ部分は白（**U**）。室内空間になるべく深遠な印象を与えるために、そのうちの右手の壁は黒（**X**）。ベッド用のニッチは濃い青（**E**）。その向い側は橙色を帯びた黄色（**J**）。天井およびバルコニーへのガラス扉がある壁面は赤色（**A**）。この扉は縁を際立たせる目的から青色（**S**）。暖房用配管、暖房器具は青（**S**）。一方、合成材を用いた扉や棚は自然な色調に留め、黒色の縁取りを施す。床は黒色のゴムマットである。

　中央寝室の左右にもバルコニーへと通ずる２つの寝室があり、そのうちの右側の部屋は２人用である。ベッドの１つに新案特許ベッドを採用し、日中は安楽椅子として使用する。この部屋には、先に取り上げたような衣服および下着用の戸棚を備え付け、２人用なので両方共に上段部が付いている上、下着用の棚はやや大きめにした。前述の寝室に倣った形で、洗面台のあるニッチは、磨りガラス板の付いたコーナーランプなど他と同様の規格で設えた。この部屋には他にも、折畳式の小机が出窓部分に備えてある。ベッドの傍には開き戸式の簡易扉が付き、これは基本的に扉を閉めたままでの室内換気を可能とする構

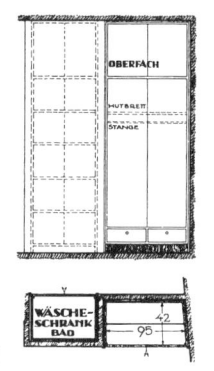

下記の平面図に描かれた箪笥

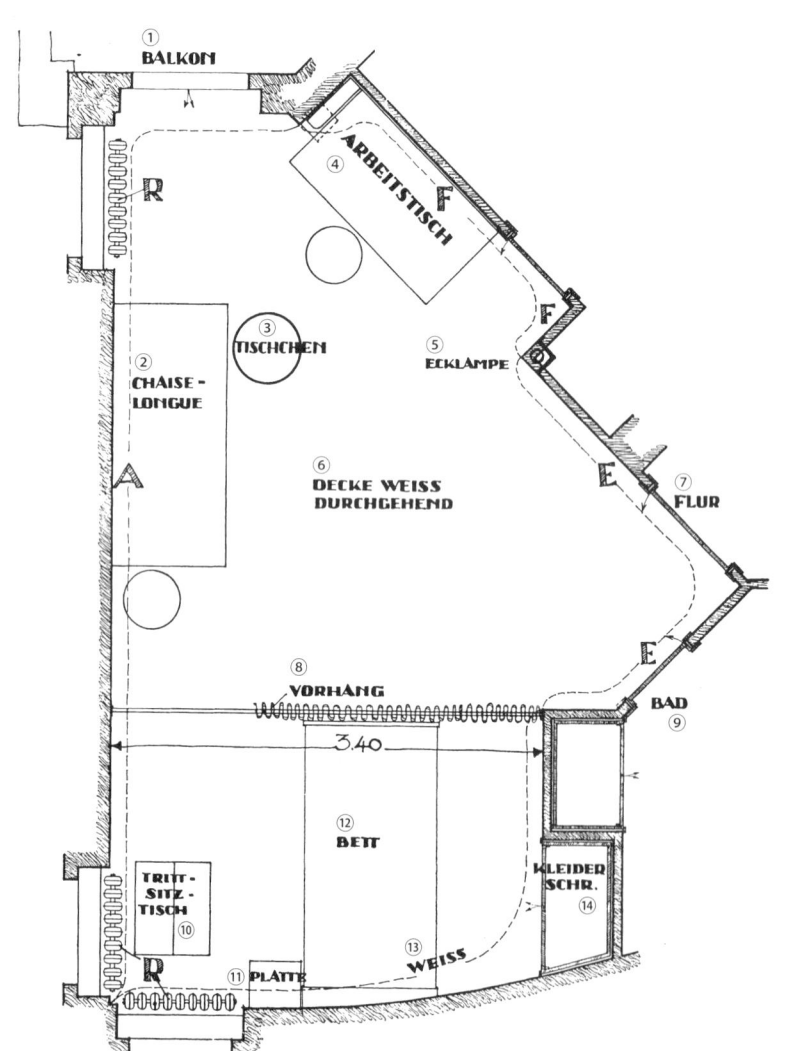

寝室兼仕事部屋の平面図
2階

① バルコニー
② 寝椅子
③ サイドテーブル
④ 仕事机
⑤ コーナーランプ
⑥ 天井は全面白色
⑦ 廊下
⑧ カーテン
⑨ 浴室
⑩ 踏み台、椅子、机兼用家具
⑪ 棚板
⑫ ベッド
⑬ 白色
⑭ 衣服用箪笥

ベッドのある隅部と衣装箪笥

造である上、気分次第で隣室との間で会話を愉しむことができるという仕掛けである。

　隣接する小さな寝室は東向きで、比較的年長の子供用に適している。高い位置にある窓は直にベッドの傍にあり、ニッチの部分にはナイトテーブル用の小さな板が、その他、独立した机が大きな窓の傍にある上、衣服・下着用の造り付け戸棚があり、ここには教科書等の書籍類も収納できる。小寝室の写真を見て判るように、ベッドの上方には暖房用の拡張容器を装備してある。これは階下にある給湯ボイラーのちょうど真上に当たり、騒音を立てることもなく、またそれ自体暖房器具としても機能している。

　この２つの部屋の配色についてだが、小寝室は天井が橙色（**J**）。壁は青であるが、日中の太陽光を反射するために暖かい赤みを帯びた青色（**N**）をベッドの背後の輝く平面に、最も暗い青色（**P**）を窓側の壁に、ベッドの傍には中程度の彩度である（**O**）を、というような塗り分けを施した。また床面は灰色を帯びた青色である。

　その隣に位置する寝室の色調は、目に負担が掛からないように、ベッド側の壁には深い緑色（**K**）、直射日光の当たる壁面には明るい深緑色（**L**）と黄色（**F**）、天井には柔らかい青緑色（**M**）を塗色する。

　床面は他の部屋と同様、ゴム製で緑色を帯びた灰色である。暖房器具、暖房用配管は**Y**に塗色する。また、やはり緑色に塗られた照明器具を覆う曇りガラ

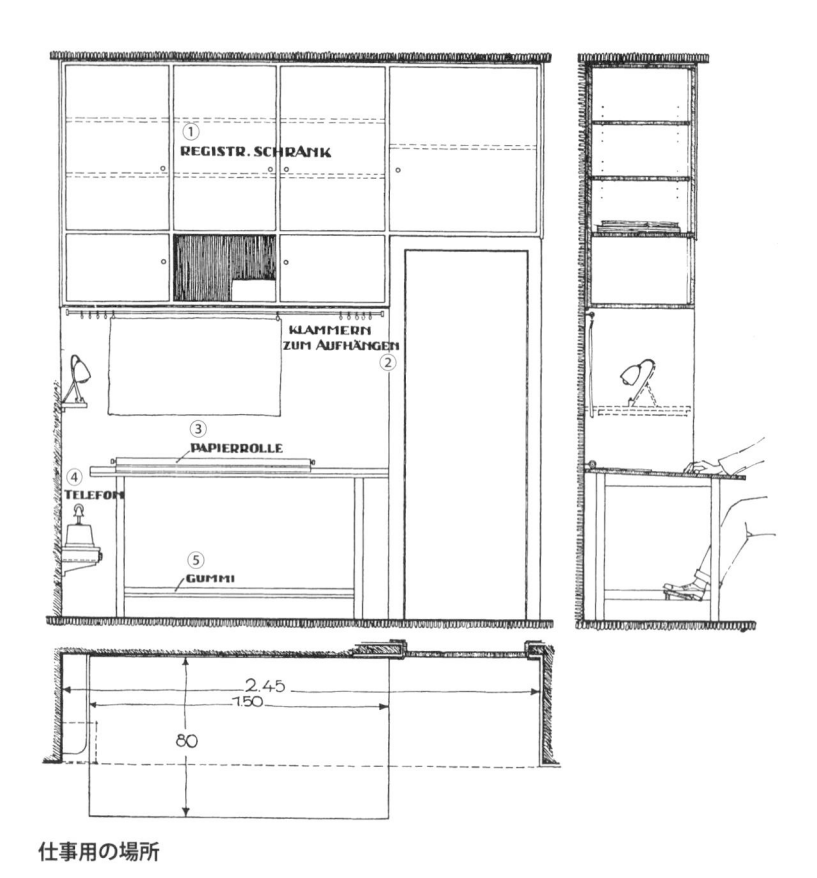

仕事用の場所

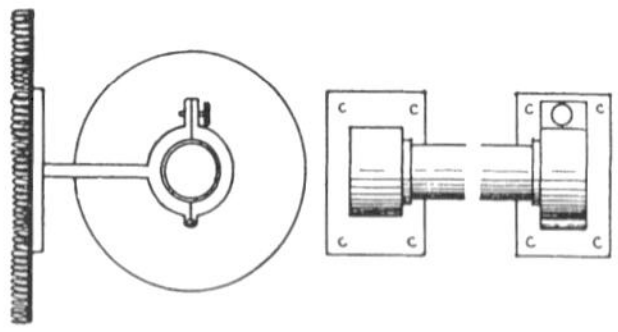

仕事机にある紙ロール詳細図

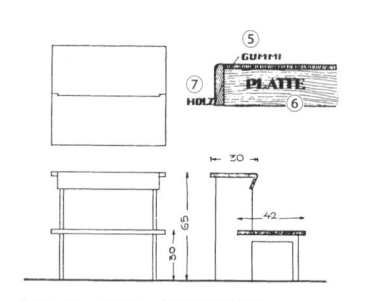

踏み台、椅子、机兼用家具

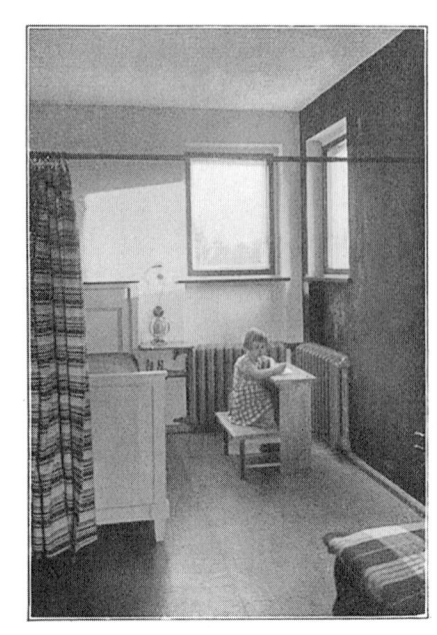

ベッドのある隅部と
踏み台、椅子、机兼用家具

① 書類保存用戸棚
② 書類クリップ
③ 紙ロール
④ 電話機
⑤ ゴム
⑥ 板
⑦ 当板

仕事机　　使用時　　　　　　　　　　　　　　仕事机　　使用していない時

　スは、電光を受け仄かに照らし出され、そこから放射される白い光線が洗面台を包み込むのである。

　さて、反対側に位置する3番目の寝室は広さに余裕があるため、場合によっては後に通常の両親用寝室として用いることもできるが、ここで取り上げる例では、個人的事情から寝室兼仕事部屋として利用されることとなる。隅部の多い平面図の形から必然的に生まれるニッチ部分には、手前側に手織りで白黒の縞入りカーテンが掛かり、その背後にベッドが置かれる。なおこの側面には、壁の裏側にある浴室の下着用箪笥と噛み合わせる形で衣服用箪笥が設けられる。この部屋は2つの機能に則して構成されているため、一方の居住形態が他のそれを侵害することもなく、全ての空間があらゆる使用法に適合しているのである。ベッドは使い古しのシンプルな物で、白色に塗装してある。ベッドの脇には大理石板とさらに僅か1枚の板を「ナイトテーブル」として設置する。窓は、隅部でしかも高い位置にあるので第一に視線を遮り、従ってカーテンが不要となる上、最良の状態で室内の通風・採光を確保することができる。また、鎧戸を開けたり閉めたりすることで日中の太陽光を部屋の用い方に応じて調節でき、ここに多様な空間的可能性が生み出されるのだ。この部屋の反対側の隅部にも、上述した寝室と同様、バルコニーへの扉、風景を眺めることのできる光の出窓が配置され、これらも全く同種の作用を成すのである。

浴室　　ビデと便器　　　　　浴室　　洗面台

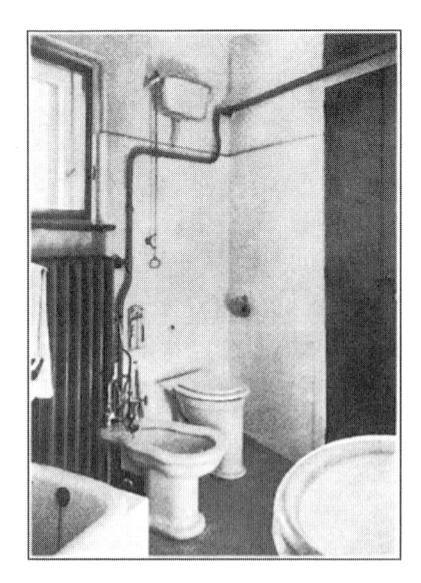

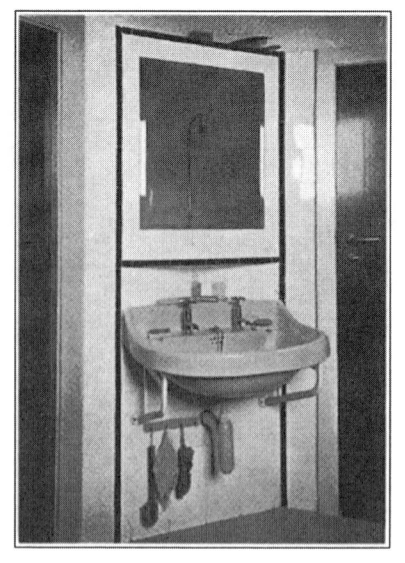

　造り付けの書類保管用戸棚の下部には、仕事机が組み込まれ、これは言うなれば神経を集中させなければならない仕事に最も適した装置の体を成している。
　ここは、1人集中して仕事に没頭するには最高の場所である。机の上方には棚板に載るランプを付け、その光は明るい黄色（**F**）に塗られたニッチ内部に反射しながら机の上を照らし出す。ローラー状の紙を手で回転させれば仕事する上で必要な紙を得ることができ、またクリップ付きの横棒には、仕事用の書類を作業する者の眼前に吊り下げておくことができる。机の脚下はと言えば、堅固な脚載台があり、また天板の下にある電話機には手を伸ばせば届くようになっている。休息を取りたい時には、仕事机とは目と鼻の先にある枕付き寝椅子が利用でき、傍らには灰皿や本を置くことのできるサイドテーブルも備えてある。一層の気分転換を必要とする時には、その傍にあるガラス戸を開けてバルコニーへ出るのがよい。ここでは、夜間であろうが雨天時であろうが外気を吸うことができるのだ。
　仕事机の脇にあるランプや「ナイトテーブル」の上に置かれたランプはいずれも最上のモデル（ザーメック製品）で、角度・高さも調節できる。一般的な室内灯は、他の2つの寝室に設置した磨りガラス付きの隅部照明と同様である。
　ベッド脇の窓の傍にある支持台についても説明しておかねばならないであろう。これには3つの用途があり、ひとつには高い位置にある窓や造り付け戸棚の上段に手を伸ばす際の踏み台として、あるいは堅固な支持台が必要な際に

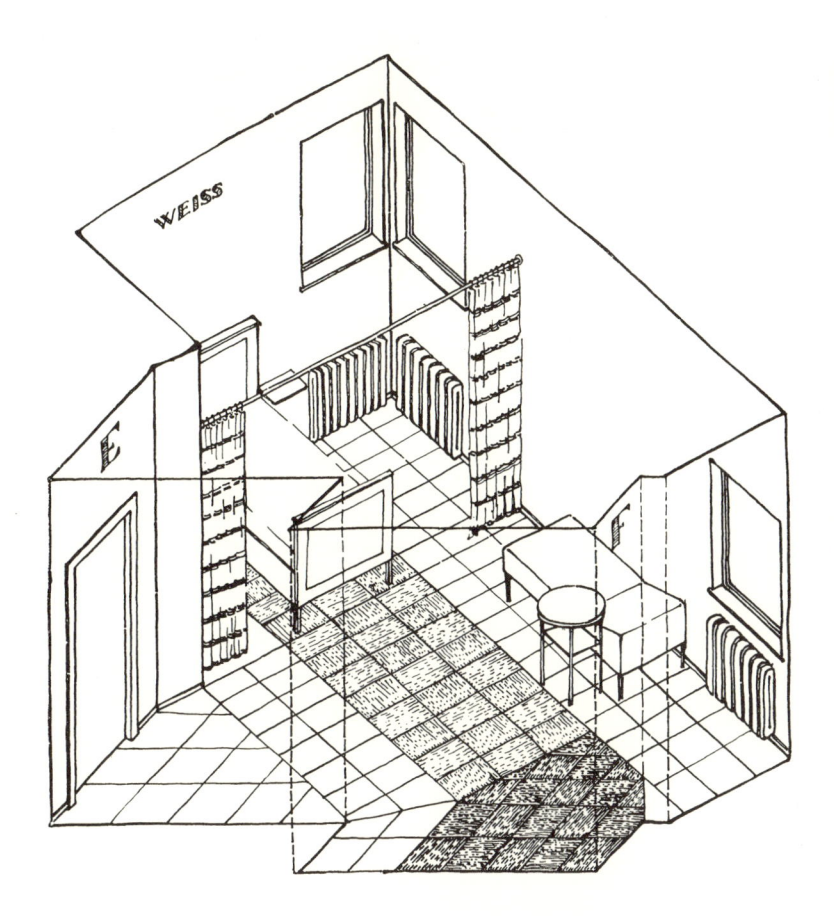

寝室兼仕事部屋

浴室

① 暗い灰色
② 明るい灰色
③ 青色

寝室兼仕事部屋の床面

はベッド用の机、また時には椅子にもなるのだ。

　空間の印象というのは、こうして書面を以っていくら言葉や図を駆使しながら説明しようとも想像するのはなかなか困難なものである。とりわけ、その非合理的とも映る空間形態の価値は捉え難いのだが、一方で、まさにそのことにおいて益々価値が増し加わっているのも厳たる事実である。この住宅は最もシンプルな要素(エレメント)から成り、その慎ましい室内空間において、ある意義深い多面性を獲得しているのだ。

　何はともあれ、その理解の一助として室内の色彩を列挙することはできよう。寝椅子の背後にある広い壁は、部屋に入るや先ず目に映る壁である上、直射日光も当たらないことから輝くような赤（**A**）とし、それは書斎机のあるニッチの縁まで続く。

　このニッチの部分は――口絵の色票と照らし合わせてみて頂きたい――明るい艶消しの黄色（**F**）。その右端から隅部まで、さらにベッドのあるニッチの

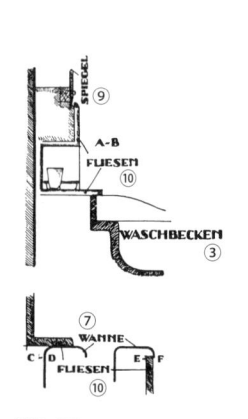

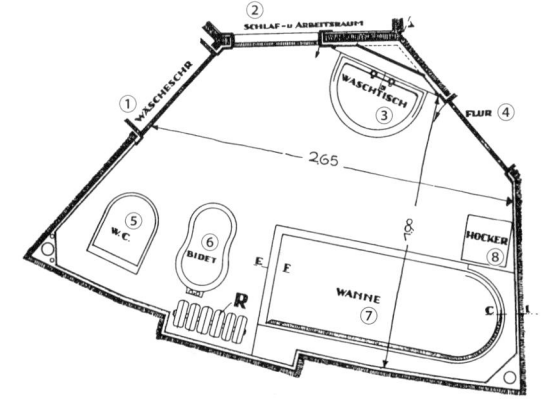

① 下着用箪笥
② 寝室兼仕事部屋
③ 洗面台
④ 廊下
⑤ 便器
⑥ ビデ
⑦ 浴槽
⑧ 腰掛
⑨ 鏡
⑩ タイル

詳細図　　　　　浴室

辺りまでが深い紺青色（**E**）。ベッドのあるニッチから窓のある角までを純白。同様にこの部屋の天井全面も純白とする。この家においては、白色は天井に定番の色、要するに「万能なもの」としてではなく、他の色と同様、ひとつの純粋な色彩を意味する。赤い壁の前にある寝椅子カバーは黒を帯びた赤色である。

　部屋の床面に目を転じよう。暖かい灰色をした部分の間に濃い青色に塗り分けられた道のような領域があり、あたかも導き手に導かれるように、その道は黒く塗られた仕事机の下まで引かれ、そこで暗い灰色の領域に交わっている。

　扉や戸棚は自然木の色、扉の枠は黒色（**X**）である。その他、室内側の窓枠は信号の赤色（**Q**）で、窓枠は光の入射を強めるために、この家の外観のように白色である。室内側のバルコニーへの扉は、黒色と赤（**Q**）の縁取りを、暖房器具および配管はレモン色（**R**）に彩色する。

　私は、このような配色法がそう易々とは理解され得ないことを承知している——おそらく口絵のバウマンによる色票から小さな手掛かりのひとつも見出せるかも知れないが、そうした探究を試みてもなお理解し難い場合には、少なくとも以下のようなことが言えるであろう。

　色彩は、光と完全な関係を構築する際に、ありのままの構造としての抽象的空間形態を作為の無い形で真の生命(レーベン)へと導くことができる。すると、その色彩はあらゆる装飾的効果を超越し、光そのものの本質へと至るのだ。理由は明快で、色は光だからである。その際、何も特定の尺度に束縛されることはなく、それは全くのところ居住者の希望に応じて色彩が施されて構わない。色彩に関係のある仕事に従事する人を例外として、大多数の人たちの色彩に対する構えというのは主観的である。すなわち、概して人は好きな色を持ち、好き嫌いの好みがある訳で、このような個人的好尚に従わないという理由はないし、まさにその中で色彩的解決を試みるのが良いであろう。

　浴室への扉は、先の寝室から直接、あるいは廊下からも行けるよう2箇所に設け、またここでもあらゆる設備を必要最小限度の間隔で配置している。ここにバスタオル、シーツ、肌着などを収納する戸棚があるのを見れば、住み手が全ての物に最も直接的な近さで到達できるという、この家の原則を即座に了解することができるのである。

　——参考までに、主婦の方々のために以下のような湯気の拡散を防ぐ対策を紹介しておこう。湯船の底へハンドシャワーを落とし、この部分が浸るまで冷水を注ぐ。そこで初めて暖かい湯を注ぐのである。ハンドシャワーが無い場合にはホースを用いるのも良い——。

　この浴室においても、非矩形の平面形態が功を奏している。でなければ、これほどまで狭小な空間にこんなにも多くの物を、それに汚れたタオルを収納する小さな箱型の腰掛を収めることも、また同時に快適性を得るために空間を十

分に活用することも困難を極めたことだったであろう。この家の他の洗面台用ニッチ部分には設置されたガラス板でさえ、ここでは鈍角を利用して自然に生まれたニッチを活用することで不要となった。また朝の陽光を受けるにちょうど良い方向を向く窓も、顔の高さに位置している。

　配色について言うべきこととしては、唯、ここでは室内側の窓枠、暖房用配管、暖房器具がレモン色（R）である以外、全て白色だということである。

11.

屋根と屋根裏

2階の小さな家事室

① 寝具用収納
② 跳ね上げ蓋
③ 扉
④ 防虫衣料キャビネット
⑤ 通気フィルター
⑥ 廊下
⑦ ミシン

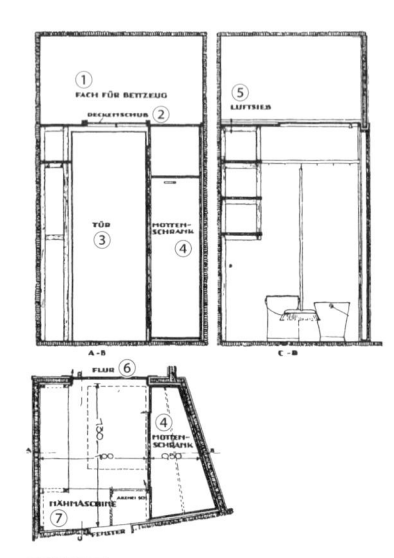

2階廊下
掃除用具置き場と虫除け衣料棚

屋根と屋根裏

　まともな家であれば屋根と屋根裏は必ず要るものだ、というのがおよそ衆目の一致するところであろう。子供たちは絵本を見ながら三角形の屋根のある家を描く。でなければ、それは家ではないとされるのだ。また主婦にとっても屋根裏は必要なものである。しかし、この家にはその両者が実態としては存在せず、しかし機能としては存在している。

　多くの人は、屋根裏の空間を洗濯物を干すために用いるか、あるいは使える物であろうが使い古した道具であろうが、入れられる物は何でもここに溜め込んでしまっている。先ず、この点が明確にされねばならないであろうが、この家にガラクタは保存しないし、決して保存されるべきではない。有用な物、トランクなどのみが、その他の物と同様に整然と保存されるべきであろう。天井の高さにまで達する造り付けの壁収納上部には、そうした品々をきちんと正確に下に降ろすことができるような棚を装備した。

　各々の物に収納場所を！　ここには例えば、12のそのような棚板が戸棚の大きさに応じた寸法で造作されているが、それだけで既に小さな屋根裏収納庫に匹敵する容量を備えているのだ。こうした機能面での中心を成すのは、何と言っても2階の小さな家事室である。そこには先ず寝室掃除用の箒、バケツが収納される他、その他の清掃用具などを収める棚があり、これはさしずめ小さな家内薬局（ハウスアポテーケ）の体を成している。その棚の下部にはミシンが1台収まるのだが、このミシンは陽光が十分に注ぎ込む2階の廊下へと容易に運び出せるので、そこで裁縫作業をすることができるのである。さらにこの家事室には、防虫衣料キャビネットやその上部全体に跳ね上げ蓋付きの下がり天井があり、夏季、この中には毛布などの寝具が保管できる。屋根裏に関わるあらゆる必要は、この家事室だけで十分に適えられていると言って良いであろう。但し、洗濯物の乾燥には既述のように1階の家事作業用廊下部分が使われる。

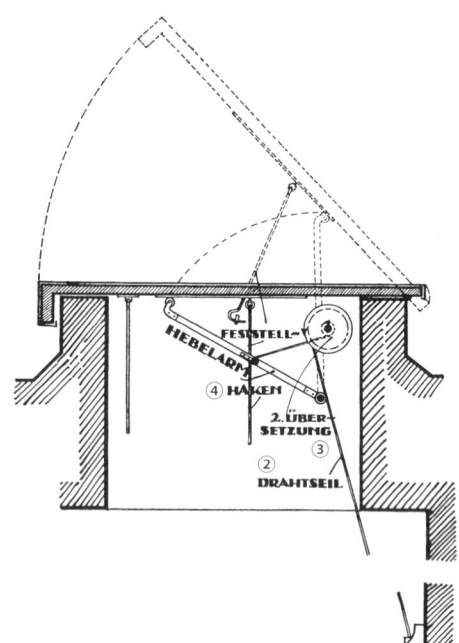

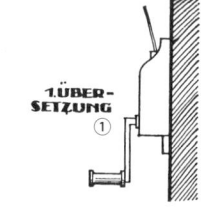

換気用ハッチの開閉装置

① 第1伝動装置
② ワイヤーロープ
③ 第2伝動装置
④ 掛け鉤
⑤ 梃子の柄

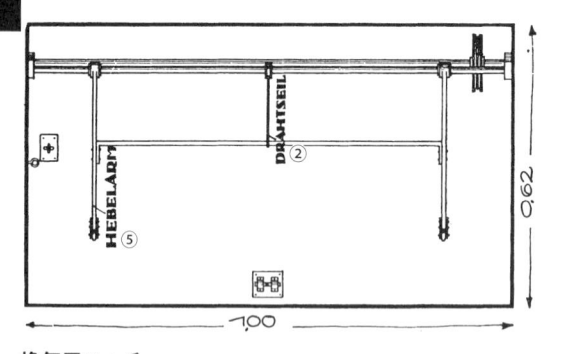

換気用ハッチ

廊下と換気装置

　以上のように、家事の問題から判断すると屋根裏を設ける必要性はなく、また、子供が描くような斜めの勾配屋根に関しては、景観破壊の話と関連させて先に指摘した通りである。

　細部の形態は、全体のそれと同様に断じて突飛なものであってはならない。だが彼是と解決策を練った結果であれば、ともかくも良い形態になるのである。

　ここでは急斜面の屋根を避けたことで、この家に大きな効果がもたらされている。まるでひとつのガラス建築のように表現された階段のガラス壁。ここに、よく見受けられる一般的な窓と同じように換気孔を付け足したりすれば、その最も優れた要素も、その構造も台無しにしてしまうであろう。何しろそのような換気の仕方では、階段室内で汚れた空気が舞い上がり、天井の裏側にこびり

下から見上げた換気用ハッチ

換気用ハッチを開けているところ

付いてしまうため、衛生という観点からは決して最良の策とはならないであろう。

　そこで、より身近にある物は何か！　そもそも、換気装置として2階の天井に独立的に挿入し得る物とは何か！

　屋根に出るためのハッチ（取り外し可能な梯子の傍にある）。これを換気装置として機能させるのである。多くの試みを経て初めてこのような形で実現した。2本の伝達棒と下部にあるハンドルを使ってハッチの扉をいかようにも開閉でき、つまり、どの状態にでも留めることができ、雨天時にはほんの僅かだけ開

けておくことも可能である。

　ハッチはそうした実用的な仕様だけでなく、感性を刺激する作用をも与えている。開け放たれたハッチからは青い空が家の中へと吸い込まれてくるのだ。そこで、天井の上方の切り通し部分は青い色（**V**）、構造的装置は赤色（**Q**）に彩色されている。

　屋根面に人が上がることも可能なのだが、ここではそもそもその必要がない。庭とバルコニーが、そうした空気に触れることのできる空間を十分に提供しているからである。また平らな陸屋根が、傾斜のある屋根よりも天候による被害を受け易く、あるいはその他にも強度に欠けるのではないかという危惧は、今日における技術を前にしては杞憂に過ぎないと言えよう。

12.

庭

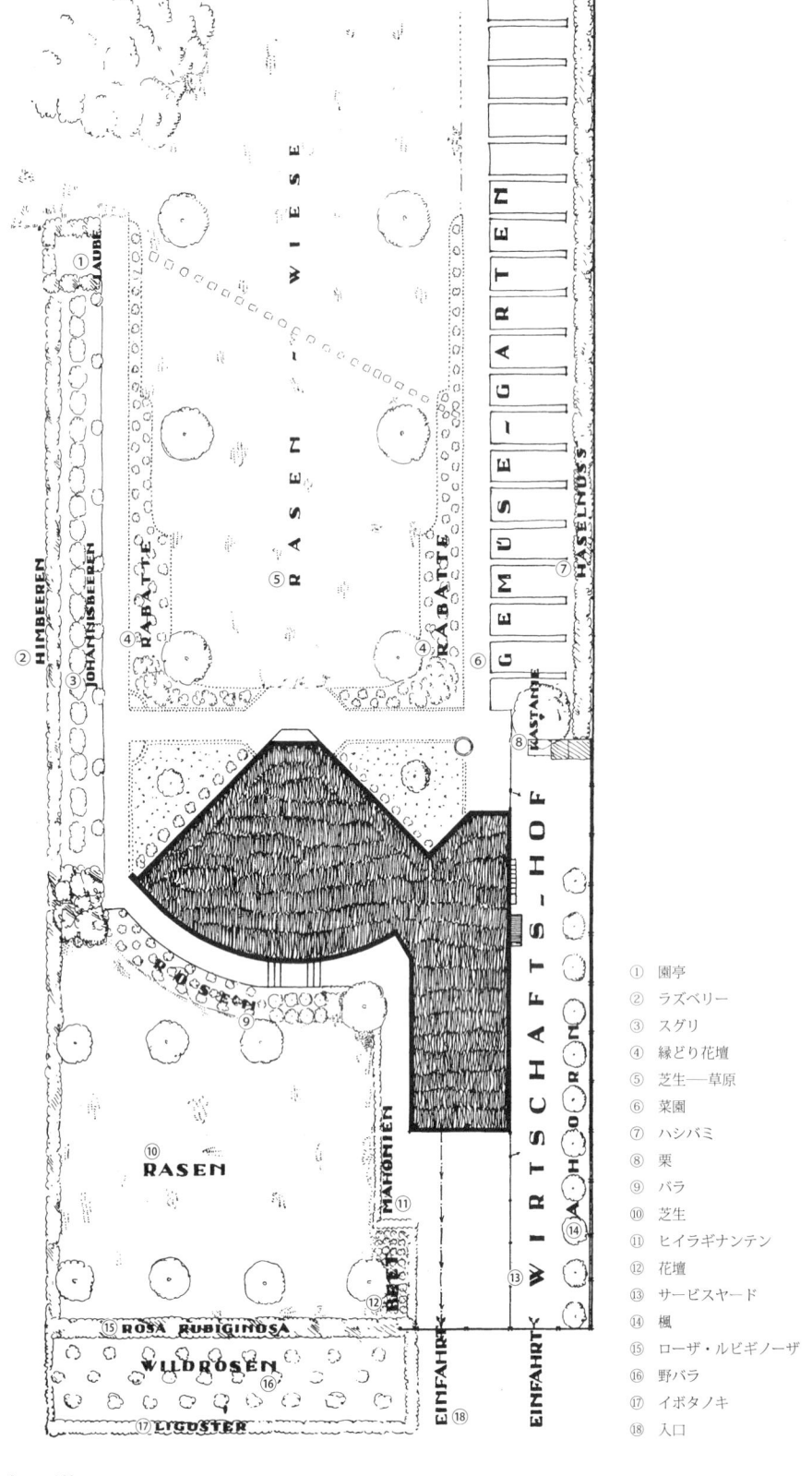

① 園亭
② ラズベリー
③ スグリ
④ 縁どり花壇
⑤ 芝生——草原
⑥ 菜園
⑦ ハシバミ
⑧ 栗
⑨ バラ
⑩ 芝生
⑪ ヒイラギナンテン
⑫ 花壇
⑬ サービスヤード
⑭ 楓
⑮ ローザ・ルビギノーザ
⑯ 野バラ
⑰ イボタノキ
⑱ 入口

庭の形状

庭

庭側から見た夜間の様子

　配置計画や室内計画も含め、この家の建築とは、その庭を欠いてはおよそ考えられないものである。勿論、ここで庭とは庭園学的な芸術性を伴うそれではなく、要するに風景(ランドシャフト)そのものに他ならない。庭から住宅へと足を踏み入れること、また庭へと踏み出すこと、内を覗き込む視線と外を見る視線、こうした関係性が平面図および建築形態を決定する際の素因を成すのである。
　夜間の照明は住宅から庭へ、居間やバルコニーから草地の方向へと流れ出るように拡散し、一方、前庭や街路の方向へは柔らかく溢れ出ている。また1階家事作業用廊下の隅部では1つのランプが鮮明に際立っており、これらは夜間におけるそうした庭と住宅との関係性を示す表現である。

雪の中の家

　レベレヒト・ミッゲの指摘に依れば、かくして庭とは「空　間　造　形」ではないという。それは恣意性を伴わない現存の強調以外の何ものでもなく、しかも、非常に些細な作業を施すものとして捉えられている。

　前庭については次のような説明が可能だ。全面に芝が広がっており、これを必要な園路によって区切ることにする。また、将来の道路拡張に備えて確保してある領域には3本の白樺があり、ここには後々大きなバラのクッションを形成するだろう野バラを植栽し、周囲をイボタノキで取り囲む。その背後は、本来の庭の境界線に沿ってバラ（ローザ・ルビギノーザ）、さらに背後を果樹のある芝生面とする。

　色彩（X，Q，R）が施されている鉄製の門を入ると花壇があり、その周縁の全て、さらに家に至るまでをヒイラギナンテンが縁どっている。この花壇には種々の多年生草花、ポンティッシュ・アザレア、モントブレチアにアラビス・アルピナが混在している。家の外形が描く弧はツゲに縁取られたバラの花壇に導かれ、その端部である玄関の階段前では、ハマナスによって減り張りが加えられている。その境界の先には、多種の花（セイヨウカンボク、フリージア、ジャスミンなど）が混在する茂みが前庭部分の区切りを形成している。台所の窓の傍にある1本の栗の木は、ここで道が折れていることの目印となる。

前庭

住宅から見た花の道

日光浴の場

バルコニーから菜園を見下ろす

菜園

日光浴の場から見た花の道
後方には家の一部が見える

　こうした家の前に広がる庭空間は、ともかくも実用に配慮した領域であり、放鶏場の格子垣も鶏が出て来ないようにすればよいだけなので、極力つづまやかに造作することとした。隣家との視線を遮るために、サービスヤードには楓の木を間隔を詰めて配置した。明るい砂利の表面は明確に芝生と分け隔てられるが、その芝生は家の黒い弓形とコントラストを成し、黒い壁をひとつのビロード地のように見せる効果を与えている。この家の前に立ってみると、艶消し紫色のクリンカータイルをはじめ、深紅色（**Z**）の窓枠、青色の窓縁（**S**）、青い玄関扉の枠（**D**）、発色性のある赤（**Q**）の柵の棒と細い青い縁（**S**）によっても、黒い壁との対比関係が色彩的に強められていることを了解できる。

　今度は、家の反対側に位置する庭について述べていこう。遠方に広がるかつての畑地から草原が穏やかに起伏しながらこの家の方へと近づき、敷地内では芝生面となってこの連続性が保たれている。緑色の芝生面はここで、雪のように白い家の壁面との対比（コントラスト）の中に置かれるのである。
　既存の果樹、それから、何を置いてもツゲの木に囲まれながらゆらゆらと身を揺らす宿根草は、この緑色に染まる広がりの中で、家へと至る確固たる止まり（ハルト）の場（ルト）を作り出し、それを何もない茫漠とした風景へと再び溶かし込んでいく。芝生の左側にある散歩道は、ダリア、イチゴ、そして桜草も手前に並ぶ、

居間の窓

ラズベリーやスグリの茂みで縁取るようにした。この園路の行き着く所は、植え込まれた白樺によってなお一層強められた藪を形成し、その手前、左手にはこの道の末端として菩提樹の園亭があり、日陰を作るその北側の開口から広大な風景を眺めることができる。この場所を起点として敷石の敷かれた道が、芝生を横切ってもう1本の庭の道へと通じている。この道の側には菜園の畦を造ることが計画されており、その畑は、軸性を強調する意味で湿原に至るまで続くのである。隣家とはハシバミの木で仕切ることとする。またサービスヤード側の目標として、同時に庭の領域の終点として1本のトチの木を植栽することとし、これは庭用堆肥溜め部分に木陰をも作り出す。家の傍にある残りの三角形の土地では、南側にあたる家の壁面に沿ってゼニアオイを、それから1本の杏（アーモンド）の木の周囲に、一方ではトマトを、またその反対側ではモレロの周りにアスター（エゾギク）を植え、いずれも五月草の生垣がこれを囲んでいる。(21)

　詰まるところ、これら全般に亙って「芸術的（キュンストラーリッシュ）」であることは何ら意味を成さない。なぜなら、ここで庭は、藪の茂る草原や、遥か後背地にある林などの一切を含む風景をこの家に結び付ける繋ぎ役に徹しているのである。家に近接する庭、その控えめな植栽によって、言うなれば家そのものが近接する周囲に拡張されているのだ。人々はそうした場所へ日常室内に飾る花を植えたが

るものだが、この住宅では、そうした花を机の上あるいは窓台に置くような真似など全く以って詮無きこととなろう。

　窓そのものから野外の植物の成長に目を向けることができるのであり、また日々の生活の中でも、窓からは美しい眺めが尽くることなく住み手に供され、その美しさはまた冬季でさえも見られるの（原注）である。

　やもすると、こうして「伝統を打ち破った」後には、また花束に対する葛藤が生まれるのではないかと不安に駆られる向きもあろう。いやいや、心配は無用だ！　何も私はそれを禁じているのではないのだ。庭そのものが花束の代用を成していない場合には、幾らか感情の上での秩序を伴って室内に花束を並べることもできるであろう。あるいは、たった1つの円錐花序が結果的にその総体よりも植物の本質についてを明らかにすることがあるのも事実だ。しかし、どちらにせよ、全てが外連のない造形に基づく住居において、野蛮に堕ちることを回避しようと思うのならば、花を用いた装飾はそもそも不可能なのである。

　日常の必要を最も簡潔な形で満たすということが生活全般に反映されている所、ならびに簡潔な形態とそれに付随する住宅の外観が純粋な明晰さ（クラーハイト）に還元されている所では、その感情もまた簡潔に、混乱を来たすことなく保たれており、奇妙な複雑さへと発展してしまうことなどあり得ない。

　とは言え現実を見ると、そのようなおかしなことは各家屋、いや、あばら家の周囲にある垣根にさえ入り込んできてしまっているのだ。この点で我々はアメリカを範としなくてはならない。既知のことであろうが、かの地ではそうしたものは何も存在しないのである。

　「制限を加えること」——このことと無意味な垣根の構築とを我々は最終的には同一の次元で捉えたいものだし、諸君は、垣根の無い家の前を行く人々に「上機嫌なこと」を話させたいとは思わないか？

原注　　何も、降り積もったばかりの新雪が赤い夕陽を受け光り輝いていたり、あるいは、樹氷がまるで氷晶が作り出した白い唐草模様のように木々や灌木の茂みを覆っているような光景である必要はない。何ら特別なものは必要ない。「自然愛好家」が夢中になるような自然現象などは不要なのだ。
　　　　この家が風景の中に佇み、その内部が風景とそのような関係性の中に引き出されるのであれば、「悪天候」なるものは存在しない。尽くことなく滝のように降り続ける雨も、灰色に立ち込める11月の霧も、詰まるところ自然が都会人を遠ざけ、それゆえに都会人が嫌悪感を込めて「悪天候」と呼ぶもの全ては、日の光の中で花を咲かせている庭と全く変らないほどに美しいのだ。

13.
建てる者と伝統
バウアー

ベルリン・ツェーレンドルフにある「ゲハーク」ジードルンク
建築家：フーゴー・ヘーリング、オットー・ザルヴィースベルク、ブルーノ・タウト

建てる者(バウアー)と伝統

　以上に、住宅の一例を取り上げ、細部に至るまでの記述を加えてきたが、こうした説明が、細部の規則的な関連性や、今後その関連性に基づき建築体(バウケルパー)をいかに論理的に発展させられるかという点についても示唆するものであって欲しいと思う。それによって新しい建　築(バウクンスト)へと通ずる造形法への一瞥が与えられるのである。ともあれ、私の記述が少なくともそうした核心部分に触れることができるのであれば、筆者としては誠に幸甚の至りである。

　今日、戸建住宅はジードルングや連続住宅に比べ、ひとつの難しい課題となっている。後者の場合、経済的な根拠を背景に、必要とされる同種の建築躯体、細部が既に自ら律動的な反復を通して繰り返し用いられることによって、総じて結果的に一種の安定を生んでいる。たとえ建築家の見解が感傷的、あるいは「非即物的」であったとしても、そのリズムからひとつの価値を見い出すことが可能なのである。

　だが一方で、大都市の周縁ないし、時折り地方において見受けられる戸建住宅群の集積する様は、どれを取ってみても、その全体の印象において驚くなかれ他ならぬ廃材の山を成している。各戸には確かに人々が居住し、生きているのだが、彼等の頭上には屋根や壁の特別な装飾が、考え得る限り多様な様式で、あたかもその模範をあざ笑うかのような模倣の醜態を晒しつつ掲げられているのだ。その全体はブリキ缶や植木鉢、紙くず、錆付いた鉄器のゴミ山でなくて何であろうか。これを誇張だと思うならば、一度、ミュンヘンからベルヒテスガーデンに至る保養地、もしくはジェルト島の海水浴場ヴェスターラント辺りからヘルゴラントの酷い家々を観たらよいであろう。しかしその後、エルベ川をハンブルクへと移動するならば、例えば魅力的な風景の広がる住宅地、ブランケネーゼ(22)に至ることができる。

ゲーベル邸のテラスからエルベ川を望む

ミヒャエルセン邸からエルベ川を望む　　ミヒャエルセン邸　　居間の窓

カール・シュナイダー　　ブランケネーゼのゲーベル邸

カール・シュナイダー　ハンブルク郊外ファルケンシュタインにあるミヒャエルセン邸

　一般に見受けられるこのような感覚的錯誤は、どのように打開されるべきなのか。無論、居住者の要望の数々が個々の住宅に目に見える形で具現化され、家の個々の部分が複雑ではなく、外連なく表現されるという以外に打つ手はあるまい。
　ゲーベル邸は、ブランケネーゼ郊外に立つに相応しく、いかにしてこの種の建築を作為的な操作なしに風景に溶け込ませることができるかを、この建築がその語義に忠実に建てられているという事実(タートザッヘ)のみを以って示唆している。この住宅は、風景の持つ構造を自らに吸収し、それを人間の必要とする物体へと結晶化させているのである。
　同様に、エルベを下ったファルケンシュタインにあるミヒャエルセン邸（1923）は、特筆すべき能力を以って遠方に広がる風景を取り入れている。ここでは、弧を描く1つの大きな窓によって、居間に居ながらにして北も南もエルベ川の広がる風景を眺めることができるのである。

　建築造形は、その構成要素を表出させている限りにおいては、欠片の山と化した荒涼たる様に陥ることがなく、新しく、しかも内的条件から与えられた多

123

エルンスト・マイ　　フランクフルト・アム・マイン郊外の自邸

エルンスト・マイ　　居間

エルンスト・マイ
プール槽

様性を建築に付与するのである。荒涼とした風景とは、多様性を失った実に恐ろしき荒野である。詮ずるところ、欠片の山とは廃れ行く文化に他なるまい。

　フランクフルト・アム・マイン近郊にあるマイの家[23]は、全く異なる方法で風景を映し出していて、それはマイン川沿いの穏やかな印象を醸し出している。ある論客は、まさにこの家に関して、その建築家の素朴な精神を強調していたが、この事実は興味深い。彼曰く、ここでは農民(バウアー)が昔そうしていたように、つまり「郷土芸術(ハイマートクンスト)」だの「風景画(ランドシャフツビルト)」などという愚にもつかぬことは念頭にせず、家を時代に適した手段で、まさにそのありのままの条件に最大限合致させながら建てようとする精神がここに顕在化しているという。

　マイの家において「何も掛けられていない」テーブルで食事をするというこ

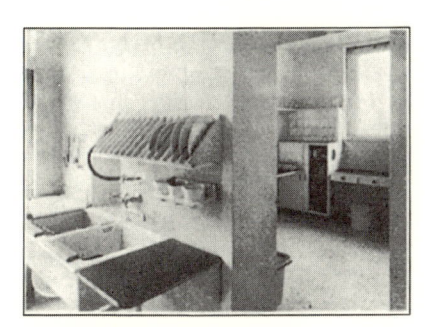

グロピウス邸　洗い場と台所

ヴァルター・グロピウス
デッサウ教員住宅

ヴァルター・グロピウス　デッサウに建つ自邸
道路側正面　手前左手が車庫、右手に順次、浴室、階段、台所の窓が続く

と、これが過度に思われる方には知って頂きたい。テーブルクロスの無い食卓こそが、この家そのものを象徴しているのである。ここでは自然への陶酔も簡素となって現われている。従って、遠方へと広がる風景は、居間の大きな窓に全て凝縮されながら現ずるのであり、これはプールや日光浴用のテラスと同じように美しくもあり、またそれらと同じぐらいつづまやかでもあるという造形手法なのである。

　ベルリン近郊のグリューネヴァルトなどは、あらゆる紳士の国々の様式を、裕福で身分の高い人々が積み重ねてきたということにおいて、ある種、建築的名所のひとつに数えられてきた。この「植民地」に新しく代わるもののひとつが、ヘーア通りのルナパーク邸であろう。但、難が無いという訳ではなく、この美しいベルリン近郊で一度実際、真剣に、かつ徹底的にかかる「風景画」の打倒に取り組んでみようというのならば、松の林、その樹木の形が様々であっても、慎ましやかな森の線と色彩でもたらされるこの上ない静寂の中にある松の林こそが、あらゆる他の要素、つまり建物の簡潔な形態に起因し、森のそれとは異質な静謐さに優先されるべきではないだろうか。

　その模範的な有り様は、デッサウのバウハウス建築が示しており、そこに宿る精神とは、細部や材料等の扱いこそ多種多様であっても、まさしく先に挙げ(24)

グスタフ・リューデッケ
ドレスデンの小さな住宅

グスタフ・リューデッケ
「知的労働者」の家、ドレスデン

ヴァルター・グロピウス　　デッサウ教員住宅　道路側正面とアトリエ

てきた事例のものに他ならないのだ。明解で、外連のない要素(エレメント)から生み出される建築形態は、あの松の林に相当する森の中の簡素を伴って立ち現われている。

　この同じ原理は、例えばリューデッケ設計によるドレスデンの家に見られるように最小の住宅にまでも応用し得るのである。その際、単調さとは少なくとも恐れるべきものではなく、むしろ、我々は騒々しく落ち着きのない事態を懸念するべきである。
　戸建住宅はまた数の上で限られていることから、あまり重要視されない向きもあろうが、一方で別の側面からすると、大規模団地よりもはるかに重要な点が指摘できるのである。今や戸建住宅をめぐって、いかに建築家が住宅の要素(エレメント)に責任を持っているかという点で、一度明確に表白の機会が与えられなければならないのだ。ここでは個々の窓、扉、壁戸棚の全てが家の居住価値を左右する要素であって、施主と建築家は、今後施主が安物のガラクタを採るのか、あるいは整頓された様相を採るのかを明確に定めなければならないのである。
　詰まるところ、戸建住宅は団地住宅に対して決定的な影響を及ぼすのであって、従って、例えば松林の中に100戸規模のジードルングを造るとあれば、そこで同様の住戸タイプを列する際にも、それが松林の中にある戸建住宅に必

要とされるものと大きく異なってはならないのである。

　さて、これら数に乏しい事例からでも、要素(エレメント)から創出される住宅は、もはやドイツにおいてさえ、散発的なものでも然程に例外的なものでもなくなってきた、と読者諸君は断片的にも感じられたのではなかろうか。事実、そのような明解で飾り気の無い形態を目指す人々による協調的創造は、既に多く存在するのである。

　その際、細部の問題は些事に過ぎず、無論、角度の急な勾配屋根か、あるいは平らな陸屋根かなどという議論も本質を成さない。この件に関しては、あまりにも性急に何らかのディテールを一般化させ、受容させてしまうことぐらい大きな誤りはないのだ。おそらく、そうした建築家は陸屋根も義務付けられてしまうであろう。むしろ常に問題とされるのは、いずれの解決法を選択すれば最も迅速に望むところの目的を果たせるか、という冷静な分析である。いわゆる建築的にも簡潔に説明し、それが何であるのかを表明するのである。

　確かに我々建築家は、フェルト製のスリッパにシャツ姿で家の中を無気力にうろついているような人間を誰ひとりとして変えられないであろうし、家に飾り気が無いからといって彼の助力になるということもない。従って、住み手は変化そのものをさっそく自ら受容せねばならないのだ。おそらく最終的には「だらだら」とは歩かない人のみがこの種の戸建住宅を望み、遂に意志無き人も確かな意志(ヴィレン)を持つ人々に左右されなければならなくなるのだろう。こうした活発な建設活動へ向けた意志(ヴィレン)こそが、構築の本来の姿なのである。感傷や感情癖を以って宥め賺していても、建設的な進展を見ることはないのだ。

　我々が住宅史を振り返って驚くのは、それが常に新しい美しさ(シェーンハイト)という未知の領域へ進出する歴史であったということだ。その美しさは、暗い闇の中で真摯に探究され、その結果見つけ出されたと言ってよいであろう。そう、見つけ出されたのである。無論、見つけたのは同時代の大衆の目ではなく、新しい美しさの内的論理を遂に理解し、それを何か伝統として敬った、後の世代の目が見つけたのである。従って、我々もまた伝統にばかり感嘆していては、今日にあってもなお彼らに伍するだけである。我々はだが、それを望むのではなく、かかる伝統を経済性、構築の論理性、そして、その勇気という意味から我々の模範としたいものである。先人達が絶えず新しく構築し続けてきたように。

　「通り沿いに建てる者は、道行く人々を喋らせるようにしなければならない」
（1465）

訳 注

1　Biedermeierstil
　　19世紀前半、主として1848年の3月革命以前におけるドイツ、オーストリアで見られた室内装飾・美術・文学の様式。とりわけ家具デザインでは、重厚にして豪奢な装いを纏ったフランス・アンピール（第1帝政）様式の影響を受けつつも、材料の素地を生かし実用面にも配慮するという、市民文化に緒を置く単純明快な意匠を生み出したことに特徴がある。
　　ビーダーマイヤー様式に関しては、Max von Böhn, „Biedermeier ; Deutschland von 1815-1847", Berlin, 1911（邦訳：飯塚信雄 他 訳、『ビーダーマイヤー時代―ドイツ十九世紀前半の文化と社会―』、三修社、2000）に詳しい。

2　Klinker
　　食塩釉薬を用い、高温焼成される炻器質のタイルのこと。通常、表面には滑り止めの模様が付けられ、床、陸屋根などの防水層押さえに用いられる。

3　Rabitzwand
　　ラービッツ壁とは、鉄筋モルタルの軽量耐火隔壁で、その名称はドイツで建設業を営んだK. ラービッツに由来する。

4　Bruno Taut, „Die neue Wohnung", Leipzig,1924（邦訳：斉藤理訳、『新しい住居　つくり手としての女性』、中央公論美術出版、2004）を指す。

5　Gemütlichkeit
　　ビーダーマイヤー期のドイツ市民生活を特徴付ける観念で、これは芸術分野全般にも大きく影響した。例えば、夕暮れ時の窓辺に座り、次第に暗くなる辺りの風景を眺めつつ沈思したり、薄暗い室内で1本の蝋燭の火を家族で囲みながら談笑する際に感じられる静穏な気分をゲミュートリッヒと言い、こうした主情的光景を題材とするビーダーマイヤー期の絵画は非常に多い。そうした芸術的傾向に関しては、G.Himmelheber, „Kunst des Biedermeier 1815-1835（『ビーダーマイヤー期の芸術』）", München, 1988 を参照されたい。

6　Kachelofen
　　ドイツで普及していた住宅用暖房器具のこと。通常、箱型で石炭・薪など固形燃料を燃焼させ、輻射熱とその対流効果を利用する。レンガを積んで外形を作り、表面にタイルを巡らせるが、装置全体の形状は露出している。

7　Richard Wagner（1813～1883）
　　ドイツの作曲家、芸術理論家。1849年、批判的に著した „Das Kunstwerk der Zukunft（『来たるべき時代の芸術』）" の中で、初めて「総合芸術（Gesamtkunstwerk）」という言葉を用い、あらゆる芸術を新しい枠組みの下に統合すべきことを主張した。この観念が後の芸術全般に与えた影響は大きく、とりわけ20世紀初頭のバウハウス運動などに継承されている。

8　Luxfer Prism
　　光の反射・拡散を調節できる特殊なガラス素材で、19世紀の終わりに開発された。照明器具の一部として、あるいは偏光板、ガラスブロックなどの形で幅広く応用され、

従来のガラス素材と建築物との関係を飛躍的に発展させたと言われる。B. タウトも、ケルンに建てたパヴィリオン建築「ガラスの家」(1914) の天蓋部でこれを大胆に用い注目された。そうした、ルックスファー・プリズムと初期モダニズム建築との関わりについては、Dietrich Neumann, „The Century's Triumph in Lighting ; The Luxfer Prism Companies and their Contribution to Early Modern Architecture (「照明における世紀の功業──ルックスファー・プリズムの製造と初期近代建築への貢献──」)", in: Journal for the Society of Architectural History (JSAH), March, 1995, pp.24-53 を参照されたい。

9　Erna Meyer (1890 ～ 1975)

　　ドイツの家政学者。女性を対象に、効率的な家事法を教示する手引書を多数著した。著書に 　„Der neue Haushalt ; Ein Wegweiser zu wirtschaftlicher Hausführung (『新しい家事──効率的家庭管理の手引き──』)", Stuttgart, 1928/„Wenn ich in vier Wochen heirate ... (『もしも 1 ヶ月後に結婚することになったら...』)", Stuttgart, 1933 などが挙げられる。

10　1895 年、H. ユンカース (1859 ～ 1935) によってドイツ中東部の都市デッサウにガス給湯、暖房器具製造会社として創立される。デッサウ・バウハウスとの関係も深く、M. ブロイヤー (1902 ～ 81) がデザインしたヴァシリー・チェアに代表されるスティールパイプ製の家具を共同開発したことで知られている。一般には、20 世紀初頭より手掛けた航空機製造でも有名である。

11　Siedlerschule Worpswede

　　1920 年、北ドイツ、ブレーメン近郊のヴォルプスヴェーデ (芸術家村として知られる) に L. ミッゲ (訳注 12) が設立した。農作業、技術的知識、家庭管理など開拓に関わる事柄を習得する学校で、堆肥を作るゴミ用サイロに代表されるように、リサイクルの思想もいち早く採り入れていた。

12　Leberecht Migge (1881 ～ 1935)

　　ドイツの造園家。M. ヴァーグナー (1885 ～ 1957)、E. マイ (註 23) 等の建築家と共同で、近代建築に相応しい新たな造園法を模索した。いかに自然環境を崩さずにジードルングにおける庭を形成できるかに問題の中心を置き、B. タウトが手掛けたベルリンの馬蹄形ジードルング (1925) でもこうした観点から庭園計画に携わっている。主著に „Die Gartenkultur des 20. Jahrhunderts (『20 世紀の庭園文化』) ", 1913 がある。

13　Liguster

　　白い花を付ける高さ 2 ～ 3 メートルの落葉低木。

14　Rosa rubiginosa

　　石灰質の土壌や乾燥した石の多い土地に植生するバラ科の低木。明るいピンク色の花が咲く。

15　Mahonie

　　高さ 1 ～ 3 メートルの常緑低木。鋭い針状の刺がある葉、レモン色の小さな花を特徴とする。

16　Pontische Azalee

　　黄色い花を咲かせる落葉低木。

17　Montbretien

　　フリージアなどに似た半耐寒性植物で、赤や白の花を咲かせる。和名は、ヒメヒオウギズイセン。

18　Arabis alpina

　　高原に繁殖する植物で、卵型の葉、小さく密な白い花を付ける。

19　Schneeball
　　　高さ2～3メートルの落葉低木で、花木として栽植される。
20　Flieder
　　　菖蒲科の多年草。葉は細い剣状、花は白黄色で茎の先端から曲がり出ている花序に数個付ける。
21　Morelle
　　　酸味の強い黒サクランボ。和名は、セイヨウスミミザクラ。
22　Blankenese
　　　ドイツ北部、ハンブルクの西に位置する高級住宅街。エルベ川沿いの丘の斜面を利用して眺望の良い住宅が立ち並ぶ。
23　Ernst May（1886～1970）
　　　20世紀ドイツの建築家で、ドイツ工作連盟にも与した。1910年代よりドイツ中部の都市フランクフルト・アム・マインを拠点としながら主に住宅建築を手掛け、その中で伝統にとらわれない構造・形態を積極的に採用し、建築の構成要素を標準化させようと試みた。1925年より同市建設監督を務め、この間、同市郊外にドイツ初の低所得者層用大規模ジードルング、レーマーシュタット（1926～30）を完成させた。これは後に「フランクフルトの実験」として関心を集め、近代住宅史の新たな1頁を築いたことで知られている。
24　1925年以降のデッサウ・バウハウス時代の建築を指す。とりわけ、W. グロピウス（1883～1969）の設計した教員住宅が代表的で、バウハウス校舎からほど近い赤松林の中に、校長用住宅および3棟の2戸建教員用住宅が整備された。当時のバウハウスに教員として名を連ねたP. クレー、W. カンディンスキー、L. モホリ＝ナギ、O. シュレンマーといった新進気鋭の芸術家は、いずれもこの教員住宅でデッサウ時代を過ごしている。

訳者あとがき

　本書は、Bruno Taut, Ein Wohnhaus, Franckh'sche Verlagshandlung, Stuttgart, 1927 の全訳である。訳出にあたっては第1版を底本とした。
　タウトは、この本が刊行される3年ほど前に、『新しい住居 つくり手としての女性』と題する書物（Bruno Taut, Die neue Wohnung, Die Frau als Schöpferin, Verlag Klinkhardt & Biermann, Leipzig, 1924：中央公論美術出版, 2004）を著わしているのだが、これをタウトの住宅論を総括的に理解する「概説編」として、そして本書を、その一例を具体的に提示する「実践編」として位置付けることができる。したがって、本書を紐解く前に一度前掲の書もお読みになると、タウトの意図するところをより深く理解いただけることと思う。

　本書『一住宅』は、タウトがベルリン郊外のダーレヴィッツに計画した自邸（1926）の設計プロセスを事細かに解説した資料である。タウトは、建築設計活動と並行し、その生涯を通じて数多くの建築書を遺しているが、本書のようにたった1軒の家だけを取り上げ、その詳細を始めから終わりに至るまで書き連ねた書籍というのは異例であり、甚だ特殊な性格を持った一冊と言える。
　読者の皆さんも既にお気づきになられたと思うが、本書の構成そのものが実にユニークである。各頁の隅々までデザインされた装丁や効果的な写真図版の用い方などは、気鋭のグラフィックデザイナー、ヨハネス・モルツァーンが担当したものであるし、また本文自体にも、あたかも新しく開発された家電製品の機能をひとつひとつ紹介するかのような語り口が散見されるのである。
　そういうことを考え合わせると、本書は専門家向けの学術書というよりは、むしろ、広く社会一般を対象として、将来の住宅をめぐる最新アイディアの数々を掲載した「カタログ」のように世に出されたと言う方が適当であり、著者タウト自身もその点をかなり意識していたのではないだろうか。
　1軒の家をいわば新商品のように扱い、分かり易く解説していく「カタログ」。この手法は、タウトが住宅をめぐる諸問題を建築という限られた範囲で自己完結させるのではなく、できるだけ広いパースペクティヴの中で扱おうとしていたことの表れであるし、事実、建築とそれを紹介するメディアとの新しい関係を開拓したという意味で非常に注目されたのである。
　因みに本書は、料理や家事といったテーマを扱ったフランクッシェ出版の家庭図書シリーズ中の1巻として刊行されている。このシリーズにはE.マイヤー博士の『新しい家事』（1926）も連なり、これは刊行後わずか2年で29版を重ねる程の好評を博したという。この事実だけでも、当時の一般社会が住宅改善に対していかに強い関心を示していたかが明らかであるし、本書がそうした要望の内に上梓されたことを記しておきたい。
　この20年代には、女性の視点から住宅の改善を目指す家政学と、一方、合理的な新建築の確立を模索していた建築界とが様々な形で結びついていたのであり、シュトゥットガルトで行われたヴァイセンホーフジードルング展（1927）において、家政学者マ

イヤーと建築家アウトとが共同で手掛けたキッチンなどもその代表例であろう。この住環境の変革という大きな流れの中で、一つの実験住宅という意味合いを多分に含みつつ計画されたのが、本書で取り上げられている住宅なのである。

　数年前のことだ。幸運にも私は一度、この旧タウト自邸を見学することができた。これは、多くのドイツ市民が一斉に東側を後にした 1963 年以降、タウト家の手を離れてしまったものの、今日に至るまで然程の改変もなく保存され、実際に住宅として使われ続けているのである。
　喧騒に満ちたベルリンの中心部から電車で 1 時間あまり、小鳥たちの澄んださえずりが心地よく響き渡る、非常に爽やかな小径沿いにその家はあった。円弧を描く大胆な外観は、しかし決して仰々しいことはなく、木立ちの静寂さの中に深く溶け込んでいた。
　私は、その黒壁にまるで牽き付けられるように門を潜り、前庭から順に、頭の中でタウトの文章をひとつひとつ確認するようにしながら内部へと歩を進めていった。最小限の大きさで設えられているにもかかわらず、狭いという印象を微塵も感じない室内のスケール、また効率的で無駄がなく、種々様々に活き活きと空間の中に配された諸設備。そこで目にしたのは、どれもタウトが解説したその通りに素晴らしいものだった。
　だが、ここに偽らざる感想を吐露させていただくならば、何より私の心を支配して止まなかったのは、そこで体験される驚くべき色彩的空間であったのだ。居間の天井は紅色に燃え、ドアの枠には黒と赤が互いに引き立て合うように輝くという風に、室内のあらゆる要素が色彩的装いを纏いながら自らを主張し、この 1 色 1 色には観る者を圧倒する力が宿っていた。
　わけても、1 階居間に接する「青い小部屋」の印象は強烈であった。深く、重々しい青が塗色され、どこまでも沈み込んでいきそうな小さな空間。初めはそう見えたのだが、私がこの部屋に足を踏み入れたそのときだった。雲間から陽がうっすらと漏れ、この小部屋にも庭からの光線がキラキラと漂い込んだ瞬間、群青色の薄暗い天井も壁面も、窓側の黄色い壁の縁の辺りからみるみる様相を変えていき、終には空間全体の印象を一気に変貌させてしまったのである。
　それはまるで、自分が闇夜の大平原のただ中に立ち、遥か彼方に目をやると、陽光が地平線上で滑らかに溶解しはじめ、やがて天空全体がじわじわと白みがけていく、そんな場面に居合わせたかのような体験であった。
　得も言われぬ青の世界に思いを支配されながら、ただ呆然と帰途についたのを昨日のことのように思い出すことができる。無論、あの青色は今でも眼窩に焼き付いて離れない。
　この家は、自然が刻一刻と明るさを変え、その都度我々に語り掛けてくる声に呼応できるよう設えられているのだ。あらゆる光の反射は、色彩を介して躍動的に翻訳され、魅惑的な色の世界へと拡張されていく。ここで色は、確かに建築家自身が言うように、「生の歓び」を付与する媒体として作用しているのである。
　タウトにとって色彩とは、工芸品のレベルから住宅、都市に至るまで、あらゆる造形対象を包含する要素であり、常に創作活動の一切を貫く関心事であったと言えよう。20 世紀の建築史全般を振り返って、タウトほどそうした建築と色彩との関係を深化させ、その可能性を人々の前に呈示してくれた建築家はいないのではないか。
　将来、画家になろうか建築家になろうかと迷っていた頃の若きタウトが、淡色で描き

綴ったパステル画の数々も、1914年、ケルンに完成させた色彩とガラスの協奏曲とでも言うべき「ガラスの家」も、1920年代、塗装によって一新させてしまったマグデブルクの街並みも、あるいは高らかに謳われた色彩宣言のアピールも、色彩をその主軸にしていたという点ですべて軌を一にするものである。多くの建築家は、色彩を建築の副次的要素と見なすが、一人タウトが扱う時、その関係は一気に反転し、色彩は建築の中心へと躍り出る。しかも、色彩はそこで甘美の調べを奏でるのではなく、我々の感性の源を刺激し、また建築そのものを創造的な領域へと解放する契機を与えるという重要な任を負っているのである。

　この自邸が実験住宅の一つであったと上に書いたが、それは他の多くの同時代建築家が試みたように、住宅をあたかも機械の集積体のように規定付けていく作業とは明らかに一線を画すものになったと言えるだろう。タウトは、「住まい」という全一的視点が忘失されることがないよう、光と色彩という殆どコストの掛からない要素を変奏させることによって、あらゆる要素が鼓動を等しくしながら有機的に紡がれていくという新住宅を完成させたのである。

　本書では、タウト建築が放つ色彩の素晴らしさをなんとかしてお伝えしようと、原本中の図面を基にした参考彩色図版幾葉かを付録した。これらは原書にはないものである。ただ、こうした原色の数々が壁面を覆い尽くす図面を見て、色彩に対する拒絶心をどうか抱かないでいただきたい。頁上に印刷された色彩はあくまでも塗色であり、これらが空間を形づくり、自然の中に立ち現われたとき、その色の数々は唯のひと時として一定ではなく、絶えず明暗を変移させながら、我々に何ものにも変えがたい躍動感を与え続ける媒体となるのである。是非、想像力を働かせながら、この魅力的な色彩空間をじっくりと味わっていただきたいと思う。

　近年、ドイツにおけるタウト研究は、M.シュパイデル教授の活動を中心とし、益々発展を続けている上、また、建築家W.ブレンネ氏によるタウト作品の色彩保存・修復活動も展開されている。これは、タウトの建築作品や諸々の功績が今なおドイツの地に深く根付き、現在の建築界に刺激を与え続けていることの確かな証拠である。

　最後に、本書の翻訳にあたって、常に的確な助言とあたたかい励ましを下さった前東京大学教授横山正先生、広島大学教授杉本俊多先生、また、貴重な資料をお貸し下さった東京大学教授加藤道夫先生に厚く御礼申し上げさせていただきたい。

　また、タウトの決して平易ではなく、社会に向けて扇動的に訴え、しかし時に皮肉を、時に機知を織り交ぜる独特の文体は度々訳者の頭を悩ませ、東京大学の廣瀬裕子氏の助言を必要とした。ここに記して心よりの謝意を表したい。

　なお、行間から感じられる原文の味をなるべく日本文にも反映させたいという気持ちが訳者の中にはあり、それによってあるいは読みにくさを生じたかも知れない。不適切な部分があれば、それは訳者の責任であり、識者の御叱正、御教示を乞う次第である。

　今回、翻訳の機会を与えて下さった中央公論美術出版の小菅勉氏、煩雑な編集作業に労して下さった同社編集部の鈴木拓士氏にも、紙上をお借りし深く御礼申し上げたい。

　菲才な訳者による仕事ではあるが、本書を通して、私の尊敬して止まない建築家タウトの功績の一つを広く多くの方へお伝えできれば幸いである。

2004年　訳者

[訳者略歴]

斉藤 理（さいとう・ただし）

1998年、東京大学大学院工学系研究科建築学専攻修了後、ドイツ学術交流会（DAAD）奨学生としてベルリン工科大学建築史・建築論・記念物保護研究所へ留学。2002年より、東京理科大学、早稲田大学芸術学校非常勤講師。専門は、ドイツを中心とする近代建築史、建築色彩論。

ブルーノ・タウト 一住宅 平成十六年八月一日印刷 平成十六年八月十日発行	訳者　斉藤　理 発行者　小菅　勉 印刷　藤原印刷株式会社 製本　山田大成堂 用紙　王子製紙株式会社 中央公論美術出版 東京都中央区京橋二丁目八－七 電話〇三－三五六一－五九九三

ISBN4-8055-0474-9